AF277122

EL NIÑO QUE CREÓ SU DESTINO

No se permite la reproducción total o parcial de este libro, ni su almacenamiento en un sistema informático, ni su transmisión por cualquier procedimiento o medio, ya sea electrónico, mecánico, por fotocopia, por registro o por otros medios, sin permiso previo y por escrito de los titulares del *copyright*.

«Cualquier forma de reproducción, distribución, comunicación pública o transformación de esta obra solo puede ser realizada con la autorización de sus titulares, salvo excepción prevista por la ley. Diríjase a CEDRO (Centro Español de Derechos Reprográficos, www.cedro.org) si necesita fotocopiar o escanear algún fragmento de esta obra».

El niño que creó su destino

© Del texto: Benyam Bouyalew Teshome y Fernando Sorribes Monrabal
© De la corrección: Benyam Bouyalew Teshome y Fernando Sorribes Monrabal
© Del diseño de portada: Benyam Bouyalew Teshome y Fernando Sorribes Monrabal
© De esta edición: NPQ Editores
www.npqeditores.com
edicion@npqeditores.com

Primera edición: abril, 2025
Impreso en España

PEFC

Los papeles que usamos son ecológicos, libres de cloro y proceden de bosques gestionados de manera eficiente.

ISBN: 978-84-10453-82-1
Depósito legal: V-1306-2025

EL NIÑO QUE CREÓ SU DESTINO

HISTORIA REAL DE UN POLIZÓN

BENYAM BOUYALEW
FERNANDO SORRIBES

QUIERO AGRADECER DE CORAZÓN:

A todos aquellos que con su aliento, apoyo activo y suge-rencias, o con el simple hecho de dedicar parte de su tiem-po a leer este libro, a aquellas personas que han coincidido en cualquier circunstancia de mi vida, y especialmente a la granja escuela Luis Amigó, David Gimeno i San Evaristo y María Artal Lacasta por su ayuda y apoyo incondicional.

Finalmente, a Fernando Sorribes Monrabal y Miriam de las Heras, por dedicarle tiempo y amor sincero para que podamos leer este libro.

Benyam Bouyalew

PRÓLOGO

Este libro es el resultado de muchos años vividos en una piel física, y de muchas palabras escritas en diferentes obras literarias. Un día llegó Benyam con una gran historia bajo el brazo y un número de folios escritos sin forma de narración, pero con la fuerza de la verdad vivida por él mismo.

Ya acostumbrado a que la vida le deparase sorpresas desde su niñez, volvió a arquear las cejas cuando en su camino se cruzó Fernando Sorribes, escritor de obras como "Libélula", "Nacido Varón", "Suney" y otras. La fuerza de la historia de Benyam y la destreza literaria de Fernando Sorribes se mezclan de forma paulatina y magistral como resultado de tardes de tertulia delante de un café humeante. Es fácil y agradable imaginar a Benyam reviviendo su historia personal de manera que en la mente de Fernando comienza a tomar forma de texto.

Se crea una alianza entre los dos, ideal para que el lector disfrute de la perfecta combinación entre lo espeluznante en ocasiones de la realidad de Benyam y la sutileza con la que Fernando Sorribes escoge las palabras para transmitirla, haciendo que, además de poder vivir las situaciones, las podamos razonar y sacar un aprendizaje profundo de cada una de ellas. A mí personalmente me ha sido necesario cerrar el libro en varios momentos para controlar el sentimiento profundo y de tensión que me estaba provocando.

Ha sido muy fácil ver en mi mente la historia de Benyam como si se tratase de una película. Quién sabe... quizás algún día esta historia llegue a la gran pantalla. Tiene todos los ingredientes para ser una película apasionante. La afición del escritor por los clásicos del cine y que haya emulado grandes títulos en cada capítulo seguro que es una señal. Por otro lado, Benyam ha demostrado que consigue todo lo que se propone.

Solo me queda desear que, si esto sucede, el director de cine sepa plasmar la misma magia que Fernando Sorribes consigue transmitir desde la primera hasta la última página del libro que ahora está empezando a leer. Mi enhorabuena para ambos autores.

MIRIAM DE LAS HERAS. ESCRITORA.

"Ven a recordarme que vamos armados con la fe y la bravura; que seremos siempre lo que hemos creído; que somos guerreros de la vida plena, que todo nos guía hacia nuestro sitio... Que en un primer paso y en un nuevo empeño, descubrimos la forma de no ser vencidos".

(Anónimo)

OBJETIVO DJIBOUTY

Se sujetaba como podía con las manos, que empezaban a perder sensibilidad, aunque eran las caderas las que más se resentían. Las llagas también hacían su aparición conforme iban pasando los minutos. Tenía que ayudar aumentando la tensión en cualquier parte de su cuerpo que sirviera para anclarse algo mejor a ese depósito de gasoil, pero los hombros y las caderas estaban recibiendo un castigo considerable. Su cuerpo, a punto de cumplir catorce años, estaba resistiendo una temperatura de cincuenta grados durante una hora entera ya, encajado en el hueco de un metro y medio por cincuenta centímetros de ancho y unos treinta centímetros de alto. El hueco, apto solo para determinadas medidas corporales, se creaba en la plataforma remolque de un camión "Scania" que hacía ruta a su destino, Djibouty. Solo los Scania que vienen de Etiopía tienen la configuración para crear ese hueco, gracias a un pequeño lateral con funciones de depósito de reserva y que sirve lo justo también para ser ocultado del exterior. Había que deslizarse con rapidez por debajo del camión e introducirse en esa especie de estante. Un imposiblemente llamado habitáculo, donde era difícil evitar que la cara fuera dando golpes con algo duro, metálico y ardiente. Para no salir disparado en alguna curva, se servía de los anclajes y salientes que tenía ese depósito de reserva en su parte interior para sujetarse. Adelantar con la ventanilla del coche bajada un camión de esas características puede ayudar a entender, aunque sea muy de lejos, la experiencia que debe suponer.

Djibouty es un pequeño país que se interpone entre Etiopía y el mar, situado en medio de sus otros vecinos, Eritrea y Somalia. Las guerras con Eritrea y la tensión permanente, hacen de su puerto la mejor, prácticamente la única, salida para llegar al mar Rojo en el "Cuerno de África". Cuando llegó a Awash, poblado cerca de la frontera con Djibouty, se dio de bruces con la necesidad de tener visado y un amigo fugaz le asesoró sobre la mejor forma de cruzarla. También se dio de bruces con un calor insoportable y con una lengua que no entendía, el dialecto amareño. En Awash se reúnen tropas de personas deseosas de salir al mar con destino a la nueva vida, formando con el tiempo una comunidad dentro de la misma. Allí hay algún restaurante donde aparcan los camiones que servirán de escapatoria hacia el nuevo mundo. La mejor forma era ocultarse en el hueco donde ahora estaba. Era muy importante ser rápido en sus movimientos, muy rápido. Había controles. Pero todo iba a ser cuestión de dos o tres días.

Fácil. Tenía sus riesgos, eso no se ocultaba, pero si lo hacía bien sería fácil.

Transcurrida una hora de la partida ya tenía una sed considerable. Estaba sucio como un condenado, tragando más polvo del que podía imaginar existiese en la tierra, haciéndose heridas por todas partes del cuerpo al golpear los huesos una y otra vez contra el depósito, con la sensación de estar quemándose por dentro y por fuera durante una hora de viaje en ese supuesto salvavidas. Las curvas, las subidas y las bajadas, eran momentos de mucho estrés, entonces tenía que sujetar con fuerza para no sufrir más golpes de los recibidos cuando saltaba el cuerpo por los baches.

Benyam, un jovencito al que le faltaba poco para cumplir catorce años, muy delgado, su uno cincuenta de estatura se había acoplado al hueco y la piel negra empezaba a adquirir tintes de barrizal al mezclarse el sudor con el polvo. La suciedad comenzaba a crearle una sensación nueva y asquerosa. Él estaba acostumbrado a la limpieza. Llevaba más o menos una hora de trayecto, que se estaba haciendo eterno, cuando le habían dicho que el viaje duraba unas doce horas. ¡Once horas todavía y ya estaba magullado hasta las cejas! Pero ahí estaba, firme en su convicción y en su deseo. Era el comienzo del viaje a su sueño y no se iba a dejar amedrentar por unas cuantas heridas.

Pero el tiempo iba pasando, el hambre y la sed, sobre todo la sed, se iban apoderando de él. La mezcla de polvo y humo había formado una espesa capa en sus vías respiratorias que necesitaban de manera urgente agua. Costaba respirar hasta el punto de tener momentos de verdadero ahogo, reforzado por los resuellos del anhídrido carbónico que expulsaba el enorme tubo de escape. A las dos horas la sed se convirtió en algo realmente insoportable, lo que, junto con las heridas en aumento y el agotamiento por el esfuerzo, le llevó a la desesperación total. Aguantó todo lo que pudo, como cuando pruebas cuánto tiempo eres capaz de aguantar la respiración bajo el agua. Incapaz de resistir decidió dar por finalizada la aventura. Decidió salir de esa cámara de tortura, deslizarse hacia la plataforma y dirigirse a la ventanilla trasera de la cabina del conductor, a quien alertaría para ser socorrido. Cuando sacó su cuerpo decidido a la rendición vio un reflejo en un ángulo de la plataforma que le cerró los ojos. Al abrirlos otra vez pudo verlo mejor. ¡Era una pequeña botella de agua! ¡Agua! De un ágil salto, olvidando el riesgo de ser visto, se abalanzó sobre ella y volvió receloso cerca de su escondite. Bebió con ansia y a borbotones esa agua, caliente y algo salada, agua de refrigeración para el vehículo. Si hubiera sido aguarrás no lo hubiera contado del trago que le dio. Pero era agua y ese elemento básico se convirtió en algo parecido a la poción mágica de "Astérix". Le volvió a dar la fuerza y la voluntad suficiente para continuar en su rincón.

Al hacer una parada el camión, pudo recuperar algo de oxígeno e intentar apoyar su cuerpo sobre partes que quedaban indemnes para aliviar algo el dolor. Pero no debía bajar ni para hacer sus necesidades. Ese amigo creado en minutos le había avisado que todo iba a ser cuestión de suerte y que si le descubrían le iban a pegar como jamás hubiera pensado. No le iban a pegar los vigilantes, no, le iba a pegar el propio camionero. A ellos les ponen unas multas impresionantes si dejan que algún polizón los aproveche para su escapada. Le dijeron que utilizaban la "llave del ladrón", que es una enorme y pesada barra de hierro utilizada para hacer palanca en los cambios de tuercas de las enormes ruedas. "Un polizón no vale ni una barra de hierro", le dijeron. Cuando arrancaba de nuevo el camión, se mezclaba en él un sentimiento de tremenda pena que se agarraba a su estómago adolescente, con la fuerza y la ilusión de una aventura hacia el futuro y su éxito, el suyo y el de los suyos. Había momentos en los que pensamientos turbadores querían llegar a su corazón, pero rápidamente los desechaba cuando tenía que sujetar el cuerpo ante un nuevo bache, la supervivencia inmediata aparca cualquier otra distracción de la mente.

Hubo alguna recta larga con asfalto lo suficientemente estable para dejarle pensar, haciendo sitio entre tanta sed, hambre, dolor y suciedad. Para coger fuerza echó mano de uno de los relatos de Abdul, un vecino de Etiopía que había sido deportado de Eritrea y que llevó a su pueblo historias emocionantes de los viajes. Su aspecto regordete y afable se combinaba a la perfección con la virtuosa seducción narrativa. Historias adornadas con una extraordinaria capacidad de comunicación y de ingenio que hacía sentarse a su alrededor un buen puñado de gente ansiosa de oír aventuras, entre tanta rutina diaria cuyo único objeto era subsistir. Su relato preferido era el de Robel. Robel era un veterano de las deportaciones. Un derroche de viajes, hazañas y heridas enmarcadas como medallas, llenaban su currículum de héroe. Una y otra vez era pillado, arrestado y devuelto a su país de origen, pero él no cejó en su empeño. Cada deportación era una nueva asignatura en su carrera hacia el triunfo y cada viaje emprendido era un nuevo quebradero de las cabezas de sus perseguidores. Finalmente alcanzó su objetivo y llegó a Texas en América. Al cabo de un tiempo volvió a su pueblo de una manera inesperada y extraordinaria. ¡Llegó en un helicóptero! Todo el pueblo lo vitoreó a su llegada y entre días de agasajo y celebración repartió ayuda a todos para cubrir sus necesidades, incluso dio regalos y caprichos.

Ese era su sueño. Ser el nuevo Robel. Llegar a Europa o América. Allí se haría rico, ganaría "un millón de dólares" y volvería a su pueblo para llevarse a la familia, si quisieran, claro. Y antes de volver a América, o Europa, habría repartido abundancia para todos. Sería como un héroe que vuelve del gran viaje, como Ulises o Perseo.

A estos pensamientos se agarraba con la misma fuerza que con sus huesos. Pero el tiempo seguía pasando muy lento. Se instalaban en el cuerpo y en la mente momentos de dureza. Comenzaba a sangrar por distintas partes, el sudor y el polvo se mezclaban con el rojo empapando su ropa. Benyam era un chaval más bien débil físicamente, que añoraba el inagotable cariño de su madre y el incondicional apoyo que siempre ha tenido de ella, tanto en el éxito como en el fracaso. Su imagen le ayudaba en el tesón y le hería en la nostalgia. Ella no tenía ni idea de lo que estaba haciendo. Ahora aparecían miedos reales a perder la vida en su empeño. La aventura que había iniciado podía tener un final trágico. El atrevimiento podía ser solo inconsciencia o ignorancia. Sus ojos echaban chispas por el esfuerzo y el agotamiento. Y volvía a recoger fuerzas recordando que su madre decía "Tus ojos negros brillan como perlas, la vida se refleja en ellos. Tendrás éxito en todo lo que te propongas porque la fuerza y el amor del guerrero anida en ti". Recordaba también los consejos de su padre "Tienes que conseguir las cosas por ti mismo, como he hecho yo. Ya ves, hijo mío, que tu padre viene de la miseria y ha conseguido lo que deseaba, luchando por sus sueños. La ilusión y la imaginación pueden hacer realidades. Para hacer tangibles tus sueños solo se requiere un compromiso fuerte. Un compromiso que no se desploma por nada y que transforma lo etéreo y abstracto en concreto y material".

La ilusión y la imaginación pueden hacer realidades... Hay que ver cómo es la sabiduría más tradicional, más ancestral, más natural. Su padre ya sabía lo que la ciencia acaba de descubrir, que la materia en su expresión más elemental reacciona con nuestro pensamiento, con nuestra voluntad, con nuestra intención. Que vamos construyendo realidades con nuestra atención.

Pero la realidad le estaba golpeando duramente. Su reloj "Casio" le decía que llevaba ocho horas de viaje. A lo mejor no aguantaba el resto del trayecto. Machacado, cocido, deshidratado en el escondite, ensangrentado y con síntomas de ahogo, ahora solo veía sufrimiento y decepción. Esos ojos grandes y vivos estaban asustados, agrietados, húmedos por las lágrimas contenidas, irritados por el polvo y el olor a gasoil. La cara era un grito que ocultaba su tersa y joven piel. Quizás todo era un gran error. Quizás aún estaba a tiempo de desistir conservando la dignidad. Pero ¿cómo iba a volver así? Como un perdedor...

LA REINA DE ÁFRICA

Benyam tuvo una infancia privilegiada. Nunca pasó hambre, nunca le faltó lo imprescindible para sobrevivir. Su padre tenía un negocio que proveía a la familia de recursos suficientes. Un verdadero lujo. No tuvo necesidad de compartir libreta ni bolígrafo para ir al colegio, como otros de su pueblo. Conocía a dos hermanos que utilizaban el mismo bolígrafo y la misma libreta, que exprimían al máximo, aprovechando un mismo renglón para escribir dos veces. Uno la usaba por la mañana y otro por la tarde de modo que, cuando se terminaba, no quedaba ni un pequeño hueco en blanco. Benyam era un verdadero privilegiado.

Etiopía pidió, en el año dos mil nueve, alimento para seis millones de personas. En ese año había aumentado el número de personas necesitadas en un millón trescientas mil, veinticinco años después de la gran hambruna de 1984 que se llevó un millón de vidas. Las sequías recurrentes provocan que muchos niños no vayan a la escuela y se dediquen a buscar agua y comida. Más de la mitad de las muertes de niños menores de cinco años es por desnutrición y una quinta parte por simples diarreas. En la zona llamada Cuerno de África y en especial en las zonas fronterizas inmediatas de Etiopía, Kenia y Somalia, de extensión similar a Francia, unos veinte millones de personas viven del pastoreo nómada. También amplias zonas de Eritrea y Djibouti tienen el mismo problema. Los reiterados períodos de sequía han acabado con la capacidad para recuperar sus rebaños. Se estima que la mitad del ganado total ha muerto en los últimos decenios. Los animales muertos contaminan los manantiales y las enfermedades que se transmiten por el agua, como la malaria y él cólera, se ceban con los niños más debilitados. De esta forma los efectos de las primeras lluvias tras las sequías, transmitiendo ese tipo de enfermedades, incluso agravan los problemas. Las organizaciones humanitarias llevan a cabo tareas de urgencia en los momentos más duros de las crisis para salvar el mayor número de vidas posible. Pero cuando llegan las lluvias, estas ayudas disminuyen y el ciclo comienza otra vez, las crisis se van sucediendo una y otra vez.

En épocas de crisis los cabezas de familia suelen irse en busca de pastos y agua en otro territorio y aparecen conflictos con otras tribus o con ladrones de ganado. Los niños y las niñas son los encargados habituales de buscar agua y dar de beber al ganado. Esto en épocas normales puede durar de una a dos horas, pero en época de sequía pueden estar de doce a dieciocho horas. Una niña huérfana de catorce años recorría todos los días tres kilómetros con su burro cargado con tres bidones, donde caben unos cincuenta litros de agua, hasta llegar al río, que está infestado de cocodrilos, para poder llevar agua a su casa. Las madres se ven en situaciones extremas en muchas ocasiones cuando uno de sus niños enferma. Deben elegir entre llevarlo a un centro sanitario, que a lo mejor está a cuarenta kilómetros, o permanecer en casa para que los otros niños no caigan enfermos.

Historias así son el pan nuestro de cada día o de cada año, es igual. Cuando desaparecen de la tele, a los "civilizados" y "desarrollados" les cuesta poco volver a sus graves problemas con la conexión de internet o con la instalación del aire acondicionado. Sí, dentro de todo este entorno Benyam tuvo una infancia privilegiada, pudo tener higiene, pudo ir a la escuela sin compartir libreta, no pasó hambre. Sin embargo, parece que cuanto más desarrollada es una sociedad, a los jóvenes les falta ánimo para ir al colegio y nuevas libretas, estuches, nueva ropa que no se herede de los hermanos mayores, se impone como requisito para motivarlos. Y si hablamos sobre que se intente corregir malos hábitos, se imponga disciplina o simples normas de respeto, todas ellas armas de valor en una cultura evolucionada, entran en juego seres consentidos y caprichosos a quienes se ofende en su dignidad. Que cierren el grifo cuando no se necesita el agua es una prohibición que cuesta entender, a muchos mayores también. Se desprecia la comida, demasiada se acaba tirando y es demasiada la alimentación basada en unos componentes adulterados solo para conseguir satisfacer o enganchar el paladar. Ahora, en ese hueco del camión, a cincuenta y pico grados de temperatura, Benyam rabia por un poco, aunque solo fuera un poco de lo que tenía.

El caso de Etiopía es muy singular. El único país de África que no ha sido colonizado y uno de los estados más antiguos del mundo. Se dice que el homo sapiens pudo tener su origen allí. Fue "Tierra de los Dioses" para los egipcios hacia el 3.000 ac, de donde se proveían de perfumes, ébano y marfil. Desde el 400 ac se conoce el reino de Askum, que llegó a convertirse en el siglo III dc en uno de los imperios más potentes de la época junto con Roma, China y Persia. Independientemente de la descripción anterior de la realidad del Cuerno de África, Etiopía es un país con una riqueza natural muy sobresaliente. La "madre" de su riqueza natural es el nacimiento en sus tierras del Nilo Azul. A casi mil ochocientos metros de altitud está el lago Tana, allí llegan unos cincuenta arroyos y uno de ellos, el que será el Nilo Azul, nace en un pequeño bosquecillo donde emergen unas aguas borboteando desde unos pozos ocultos. A treinta y dos kilómetros de ese lago se encuentran las cataratas Tis Isat (Humo de fuego) uno de los saltos de agua más espectaculares de toda África. Estas cataratas no están rodeadas por hoteles ni complejos turísticos, el entorno permanece congelado en el tiempo conservando toda su autenticidad. A partir de ahí ya se le llama Nilo Azul. Cuando entra en Sudán se une con el Nilo Blanco creando el mítico Nilo del que un ochenta por ciento de su caudal proviene del Azul. Los antiguos pobladores de la estrecha garganta del Nilo Azul decían que era uno de los cuatro ríos que provenían del Edén. Ellos lo llamaban río Guijón, escrito está en Génesis 2-10 "Y del Edén salía un río para regar el vergel, y desde allí dividíase y formaba cuatro brazos" en el 2-13 "el nombre del segundo río es Gihón, que circuye todo el país de Kush". Kush en hebreo significa Etiopía.

Parece que el reino de Saba estaba a caballo entre Etiopía y Yemen, los yacimientos de oro existen en abundancia, pero no han sido casi explotados, de las minas de diamantes se habla poco, pero existen y recientemente se han descubierto considerables bolsas de petróleo en su subsuelo. La templanza de la temperatura y la fertilidad del suelo se une a localizaciones en mesetas a más de dos mil metros de altura rodeadas de profundos abismos que ayudaban a repeler las invasiones. Porque Etiopía es el único país de África que nunca ha sido colonizado. Sí que recibió invasiones, además de la famosa italiana, los portugueses lo intentaron, los ingleses y los franceses, los turcos en su momento. Pero todos acabaron marchándose de este país de orgullosos guerreros. Es el famoso Orgullo Etíope el que les ha dado tanta singularidad a lo largo de la historia, para lo bueno y también para lo malo. Esa es su otra gran riqueza, a veces su lastre maldito, su tesoro milenario, el etíope nunca se deja avasallar ni pisotear.

En Etiopía la gran mayoría de la población vive de la agricultura. Pero también la gran mayoría de las tierras han estado en poder de la Iglesia y del Estado, sosteniendo un régimen feudal. A partir de los años sesenta comienzan los conflictos con sus vecinos empujados por la descolonización francesa e inglesa. Cuánto daño ha hecho las colonizaciones, casi tanto como las descolonizaciones. Con la francesa pierden toda posibilidad de reivindicación del territorio de Djibouti y con la inglesa aparecen los enfrentamientos más serios con Eritrea. Así se consolida su separación del Mar Rojo, quedando como único puerto accesible el de Djibouti. Las guerras con Eritrea, Somalia y la tensión con Sudán provoca un gasto elevado en armamento y las sequías comienzan a hacer más y más daño. La gestión de los recursos hidráulicos ha sido muy deficiente, pero hay que decir que los acuerdos de principios de siglo con Egipto les ha estado prohibiendo utilizar un noventa por cien de las aguas del Nilo. ¡Un noventa por cien! Esta "guerra del agua" con Egipto se arrastra desde hace siglos, el poder diplomático internacional de Egipto es muy grande y sigue torpedeando cualquier intento de cambio, el último intento de modificación de los acuerdos anteriores está de actualidad.

A partir de los sesenta, con varios conflictos en marcha, las intervenciones de EEUU y Rusia, con Israel y el mundo árabe por el medio, hace que se empiece a conocer los verdaderos problemas de las hambrunas que, por los años setenta, eran muy inferiores a los actuales y ya crearon un escándalo. Con el tiempo parece que los hombres se van acostumbrando a las tragedias y a dar por irremediables hechos que no lo son.

El emperador Haisel Selassie, que reinó desde 1916 a 1975, excepto los cinco años de invasión de la Italia de Mussolini, vive sus últimos años de gobernante y va loco buscando apoyos de un sitio a otro. En sus últimos años se perdieron muchas de las posibilidades de progreso real. Su nombre original era Ras Tafari, que significa "cabeza guerrero". En su reinado se creó el movimiento rastafariano que asimilaba su persona al Mesías negro basándose en una profecía escrita en Apocalipsis 5 y que él mismo se encargó de derrumbar allá por los años sesenta. Ese movimiento se extendió en Jamaica. A alguien le sonará ¿verdad?

De todo esto Benyam no tenía más idea que la información recogida al vuelo a través de alguna conversación de mayores y ancianos. Nada de todo ello ha tenido algún peso en la decisión que le ha llevado hasta ese camión. No es consciente de que lo que está sufriendo ahora recoge una parte del sufrimiento de su pueblo. Ahora solo siente el dolor de las heridas, los golpes por los baches, la suciedad en su piel, la sed envuelta entre todo el polvo y el anhídrido carbónico. Al igual que una gran mayoría de los humanos, la historia es una gran desconocida. Como mucho se recuerda una parte de la que ha sido contada o enseñada, en la mayoría de los casos con visiones parciales o deformadas.

Etiopía es también el país de Lalibela, esa pequeña y extraordinaria ciudad que llegó a ser capital del país por el siglo XIII, donde hay once iglesias construidas tallando la roca del interior de unas colinas, "La Jerusalem Negra", "La Petra de África". Una maravilla del mundo, pero también una ciudad donde sus habitantes, unos cincuenta mil, viven básicamente de las limosnas y donde, a pesar de ser el primer destino turístico del país, hasta hace unos años no había electricidad ni agua corriente. Allí unos quinientos sacerdotes y doscientos monjes hacen ayuno doscientos cincuenta y cuatro días al año en los que comen solo un puñado de trigo tostado. Allí se quiso construir una segunda Jerusalem para el cristianismo copto, allí hay un arroyo Jordán y una tumba de Abraham. La religión mayoritaria en Etiopía es el cristianismo copto, proveniente de Alejandría. El sentido religioso es muy intenso, impregnando profundamente la vida cotidiana de los etíopes. Se practica de una manera sincera, sin hipocresías y conviviendo con el islamismo, en mucho menor grado este. Benyam se educó en ese ambiente religioso, de culto diario y de respeto a Dios. Y en ese camión, en ese viaje en última clase, rezaba en cuanto tenía algunos segundos seguidos la mente libre del reto de la supervivencia. Oraciones que eran súplicas telegráficas enviadas como SOS en código morse.

Etiopía, un país de tierra fértil, de clima favorable, con abundantes recursos naturales, con una población guerrera, fuerte. Imperio hace poco según el reloj universal. ¿Por qué ha llegado a ser símbolo del hambre, guerras y penurias? No es difícil interpretar. Como tampoco es difícil ser testigo objetivo de cómo se mueve el capital y el ansia de poder. Qué gran ejemplo ha habido en los últimos años de crisis cuando la movilización de miles de millones de dólares y de euros para salvar el sistema financiero ha sido asombrosamente rápida y abundante. Chorros de millones para salvar entidades dirigidas y dominadas por personas que ganan dinero a espuertas, que pretenden incluso aparecer como víctimas cuando les quieren limitar esos bonus, esas primas millonarias que cobran todos los años, independientemente de que su gestión haya provocado la ruina de millones de personas. Esas personas que pretenden aparecer como filántropos del mundo justificando que gracias a sus préstamos las familias pueden tener trabajo. Es verdad que sin dinero, sin préstamos, muchas familias y empresas no podrían llevar adelante sus negocios, pero eso no tiene nada que ver con todo el movimiento de especulación para ganar dinero rápido, con toda esa estructura creada para que determinados poderosos muevan a su antojo los mercados como marionetas. Pero está tan bien hecho, se hace tan atractivo para las personas "de a pie", que el mundo va cayendo en ese perverso juego.

Etiopía tendrá que trabajar su orgullo para saber aprovechar buenos consejos y buena ayuda, pero mientras en el mundo dominen poderosos sin escrúpulos, mal resultado podemos obtener. Mientras se vaya expandiendo la conciencia de que lo importante es uno mismo y su bienestar, mal camino llevamos. Mientras se vaya suministrando a toneladas el nuevo "soma" en dosis de dinero rápido, sexo sin control, fiestas y glamur, conexiones informáticas que transportan a mundos de fantasía o a submundos de realidad que proporcionan placer inmediato sin pensar en las consecuencias para el espíritu, no avanzamos en la buena dirección.

Trabajar por la satisfacción que da el servicio bien hecho, la que da ver sonrisas de alivio, luchar por la paz y la armonía. Priorizar con una visión global del mundo y del ser humano. Y para eso nada mejor que observarlo como una familia. Si dos hijos se pelean vas a hacer todo lo posible para que lleguen a entenderse. Si uno no tiene para comer y tú sí, no vas a dejar que pase hambre. Si tienes un hijo con una enfermedad grave, raro es que te vayas de vacaciones, o nunca te irás sin antes asegurarte de que está bien atendido.

Porque luego ves a unos niños huérfanos en un poblado de África que están preparando su cena a base de unos puñados de grano de trigo que tuestan en una sartén. Y ves cómo al llegar para visitarlos se vuelven insistentes e incómodos hasta la pesadez, agitados sin que sepas por qué. Y el porqué es que no quieren, que no están dispuestos a cenar hasta que comas tú primero. Ahí ves, ves cómo debería ser la realidad.

LUZ QUE AGONIZA

En este país, en una ciudad llamada Desse, la sexta en importancia, nació Benyam. Y tuvo una infancia privilegiada gracias a Bouyalew, su padre, que era un avispado e inteligente hombre de negocios. Su progenitor heredó la profesión de sastre de su abuelo, que ya la ejercía antes de establecerse en Desse. Adquirió tal habilidad en la confección de ropa que su fama se extendió por toda la ciudad, llegando incluso a encargarle trabajos delicados otros sastres. Gracias a ello consiguió construirse la primera casa con cemento de Desse, con jardincito incluido y con su hipoteca incluida. El toque de encumbramiento social fue la adquisición de la primera televisión en un domicilio particular, hasta entonces solo un local del ayuntamiento tenía ese lujo. Así, Benyam y sus dos hermanos pequeños, Hana y Yared, pudieron acudir a la escuela, cada uno con su material, y pudieron alimentarse de una forma sana con higiene diaria. Benyam hizo un montón de amigos con el tema de la televisión, en su casa se reunían a menudo todos los que cabían para verla.

Ayal. Así se llamaba su madre. Lo tuvo cuando tenía catorce años. Se habían conocido muy jóvenes en la escuela. Sin acabar los estudios se casaron y a los nueve meses justos nació Benyam, lo que avivó las malas lenguas de más de uno. Su madre. Una bella mujer que reunió todas sus virtudes en la crianza de sus hijos para después utilizar su afable carácter y su magnetismo en la venta de ropa del negocio. De rasgos finos, frente despejada, ojos grandes, oscuros y almendrados. Ojos que miran con gran serenidad y que siempre brillan, sobre todo cuando habla de sus hijos. Su cabello, suave y sedoso, sus labios carnosos que bordean una sonrisa casi eterna. Una belleza, dulce y serena, que roba el corazón a quien la conoce. Alegre, de buen humor, amante del cuidado de los detalles, por insignificantes que sean. De personalidad fuerte para defender lo suyo, fiel a unos principios morales y con unos valores sólidos. Generosa hasta límites insospechados, gran maestra de Benyam a quien nunca le abandonaron los principios inculcados. Su madre.

Y llegó China, como a todas partes hoy día. Convirtió en más rentable comprarles la ropa y venderla en el mercado al efecto. Aun así, habiendo un buen número de puestos, la mayoría de los compradores acababan comprándole a ella por su don de gentes y la confianza que ofrecía. El padre comenzó a moverse en otro tipo de empresas, como intermediario muchas veces, con porcentajes en beneficios de los negocios de otros que ayudaba a montar con su ingenio. La vida les sonreía, no sin esfuerzo, no sin mucha dedicación, no sin mucho trabajo, pero sonreía.

Un buen día, una mala madrugada, Benyam despertó sobresaltado por los gritos de su madre. ¡Benyam! ¡Benyam, levántate! ¡Tú padre se está muriendo! Benyam se quedó sentado en su cama con el corazón latiendo desbocado y el aturdimiento por la incredulidad, igual era una pesadilla. Pero no. Su madre seguía llorando a gritos, desconsolada e impotente. ¡Benyam! No quería dar por bueno lo que estaba pasando y mucho menos quería ver morir a su padre. Tenía trece años y esta sacudida no estaba prevista, no podía ser verdad. Fueron escasos segundos en los que rebotaron todo tipo de pensamientos en su mente, para después salir disparado hacia donde venían los gritos.

La última conversación con su padre la tuvo la noche anterior, justo antes de ir a dormir. Le contó una historia que le dejó dando vueltas en la cama un buen rato:

"Érase una vez un ciego que tenía un vecino ladrón. Por alguna razón llegó a manos del ciego un kilo de oro y el hombre no sabía dónde esconderlo. Si lo hacía en casa podía ser que el vecino, que a veces entraba invitado, lo descubriera y se lo robara. Así pensó que lo mejor sería enterrarlo frente a su casa al lado de un árbol. Pero su vecino, que era muy fisgón y siempre estaba pendiente de lo que hacía, observó la maniobra del ciego. Esa misma noche lo robó. Al día siguiente, el ciego fue a com-

probar cómo estaba su tesoro y, al ver que había sido robado, lo primero que pensó fue que su vecino había hecho de las suyas. Entonces se dirigió directamente hacia su casa y le dijo algo muy sabiamente. Gracias a lo que le dijo recuperó su oro sin ninguna violencia ni enfrentamiento. La pregunta es... ¿Qué le dijo?"

Su padre, su madre y él formaban un triángulo perfecto de felicidad, la armonía universal en geometría terrenal, familiar. Las funciones de cada progenitor eran bella y perfectamente ejercidas. La función de hermano mayor por su parte también, gozando además de ser el "ojito derecho" de su madre, no queriendo decir eso que lo amara a él más que a sus hermanos. Benyam tardó en dormirse buscando la respuesta a esa pregunta. Al encontrar una, tuvo que resistir el impulso de despertar a su padre para decírsela y terminó cediendo al sueño.

Ahora corría agitado y atemorizado por lo que pudiera encontrar. Su padre había madrugado para ir a misa, como todos los días, mientras ellos aún dormían. Padecía asma desde hacía tiempo y un ataque repentino le estaba impidiendo llamar a su familia, ni siquiera caminar. Los golpes que dio en la puerta de entrada terminaron por despertar a su madre. Su padre estaba tumbado en el suelo con las manos sujetando su cuello con tanta fuerza que parecía querer ahogarse a sí mismo. En ese momento los ojos de Benyam se encontraron con los de él. Se encontró con un sufrimiento atroz, con una necesidad de agarrar con ellos la vida como único recurso a su alcance, como si mantenerlos muy abiertos fuera a permitir que el aire entrara en sus pulmones. Apenas un hilillo de voz salía de su garganta. La imagen estaba siendo durísima. Su madre, desesperada, había salido gritando para alertar a los vecinos en busca de ayuda. Ahí quedó él solo, sin saber qué hacer, viendo cómo los poros de las mejillas de su padre se hacían grandes, como si los viera a través de una lente de gran aumento. Las venas de la frente se estaban hinchando hasta límites imposibles, de un momento a otro parecía que fueran a rebosar y estallar, palpitando como si un animal estuviera dentro. Las manos se abrían y cerraban como queriendo asir algo, o alguien. En un momento dado tuvo la capacidad de señalar a Benyam una cuerda que había cerca, lo que interpretó como el deseo de su padre de ser ahogado y terminar de una vez con tanto sufrimiento. Esa imagen, esa cara hinchada, dilatada al máximo, con un asombroso color rojo profundo entre el negro de su piel y con las venas protuberantes, se le quedó trágicamente grabada en su alma. Al igual que le quedó incrustado un sentimiento de culpa por no haber sabido qué hacer, un sentimiento que le ahogó psíquicamente durante mucho tiempo.

La ambulancia llegó con una rapidez increíble, solo posible gracias a que tenían un vecino médico, muy conocido entre sus colegas, y eso hizo que el conductor no necesitara mil referencias para llegar, como era lo habitual. Al subirlo en la camilla comenzó a tirar espuma por la boca. Esa fue la última vez que lo vio con vida. Luego, en el hospital, todo eran gritos y lamentos. El llanto comenzaba a fraguarse y fue el del propio médico que lo atendió cuando dio la noticia terminal, costumbre en ese país que indica la muerte del paciente, el que dio el pistoletazo de salida para el "gran llanto".

En algunas culturas como la nuestra hemos oído contar a nuestros padres o abuelos la costumbre de antaño de la asistencia de plañideras en los funerales. Había gente, aunque no fuera ni amiga de la familia, que acudía para nada más, y nada menos, que llorar. En Etiopía el llanto comenzaba entonces y duraba días, semanas, hasta meses. Allí las comunicaciones son muy escasas y la gente se va enterando poco a poco, a veces muy poco a poco. La parte de la familia que vive en otros pueblos tarda en recibir la noticia que los pone en marcha para hacer el duelo. Así fueron pasando las semanas, en un constante ir y venir de llantos. La casa lloraba por la noche los ecos del día, no había paz ni descanso para la tragedia.

La depresión estaba oprimiendo el corazón de Ayal mientras ella forzaba, de vez en cuando y como podía, una sonrisa de ánimo para sus hijos. Su padre les había dejado una buena posición económica, pero esta dependía de la continuidad de los nuevos negocios en marcha. A la hipoteca para construir su casa había que añadir nuevos préstamos concedidos por los bancos debido a los últimos negocios iniciados, cosa que hacían de buena gana por el prestigio que se había ganado. Todos los meses había que pagar un equivalente a mil euros cuando el sueldo medio allí sería de sesenta euros, el máximo de unos cien. Benyam comenzó a ir a trabajar con su madre, había que sacar adelante las dos tiendas. Él era un inexperto absoluto, sus padres lo habían hecho todo para que ellos estudiaran.

Siguieron pasando las semanas y la situación no cambiaba. Su madre comenzó a tener síntomas que preocupaban sobremanera a Benyam. Comenzaban a hablar de las cosas que habían pasado durante el día, ella escuchaba con alguna sonrisa lo que sus hijos le contaban hasta que, en un momento determinado, se quedaba con la mirada congelada. Benyam le llamaba; "Mamá..." pero ella no respondía, la mirada le traspasaba y se posaba en algún lugar imposible de ver. Entonces aparecieron las discusiones también entre los dos. Ella veía que Benyam no tenía la capacidad necesaria para llevar el negocio, interpretaba que no ponía todas las ganas que hacían falta. Benyam por su parte se ponía cada vez más nervioso al ver la debilidad de su madre. Estaba tan acostumbrado a que ella pudiera con todo lo que se le pusiera por delante sin perder la sonrisa, que no sabía cómo ni qué hacer para que todo fuera como antes.

Fueron pasando uno, dos, tres meses y su madre no se recuperaba. Los roces entre Benyam y su madre siguieron con más crudeza. La tristeza había invadido a Ayal y no tenía fuerzas para seguir adelante con el negocio. Los bancos comenzaron a preocuparse. Benyam oía frecuentes conversaciones de teléfono con estos que desquiciaban aún más los castigados nervios de su madre. Amenazaban ya seriamente con ejecutar la hipoteca, perderían el hogar donde tan buenos momentos pasaron. Las visitas plañideras tampoco cejaban y la casa era un lugar donde se encogía el corazón de Benyam al llegar, donde tenía que hacer sus mejores esfuerzos para consolar a sus hermanos pequeños y para no discutir con su madre, a quien le había salido unas manchas oscuras en la cara, propias de algunas crisis mentales, que le impresionaron.

En aquel tiempo Etiopía y Eritrea estaban en guerra. Todos los etíopes que había allí fueron deportados a su tierra. Así llegó Abdul a la vida de Benyam. Chico de voz clara y rostro expresivo, hipnotizaba a la gente con sus historias. Embelesaba y dejaba boquiabierto a su atento público. Él llevó algo de oxígeno a una población en general apática y estancada. Su carácter pacífico inspiraba confianza. Fue un auténtico juglar. Pero, poco a poco, la gente se fue dando cuenta de que la mitad de las historias que contaba eran mentira, pura fantasía. Benyam siguió escuchándole. Necesitaba esas dosis de ilusión y de aventura, ese viaje donde el protagonista pasa por mil y una peripecias para llegar a su triunfo. Se transportaba mentalmente y se olvidaba de todos los problemas que llevaba a cuestas. Abdul fue durante un tiempo para él esa llave que le desconectaba del drama y abría todo un mundo de posibilidades.

Pero al volver de la escuela volvía también al trabajo y a la prevista realidad. En muchas ocasiones ponía toda la motivación en la sartén e imaginaba que se convertía en realidad una imagen renovada de su madre, ver otra vez su sonrisa eterna, su miraba apacible e inteligente. Ya se arreglarían con los bancos, pero lo primero era ver a su madre bien. Entrar en casa y respirar hondo, no como ahora que tenía que abrirse paso entre la densa carga con la que chocaba al abrir la puerta. No como ahora, cuando las manchas en la cara y la mirada vaga, dispersa, vacía, era una losa que hacía difícil respirar. Respirar. Pero no. Con su madre cada vez se llevaba peor. Era una tremenda contradicción para él. Su nivel de enfado, lo amargas y feroces que llegaban a ser las discusiones, desembocaban en posteriores depresiones y sentimientos de culpa. Ella llegó a decirle que quería que se fuese de casa, que para estar así, mejor fuera. También es verdad que en aquella zona del mundo a muchos no les da ni tiempo para pensarlo. La imagen de su padre ahogándose era un lastre de culpabilidad que no se le quitaba de encima. Esa imagen se repetía constantemente en sus sueños durante esos meses, despertando sudoroso y con la misma sensación que tuvo al verlo aquella desdichada noche. Se le hizo insoportable tanto remordimiento hasta el punto extremo de llegar a pensar en quitarse la vida.

Abdul se convirtió en su amigo. Benyam ya sabía que mentía mucho y que no era del todo de fiar, pero le servía de amarre a sus sueños. Se juntaron con algún amigo más y le empezaron a hacer creer en la posibilidad real de conseguir algo parecido. Un viaje rápido a la tierra del maná, hacer fortuna y volver a rescatar a su familia como un héroe. Al principio él se reía pero, poco a poco, fue construyendo una alternativa real. Una alternativa que sustituyera a la que sí era real, a la que atenazaba y hundía semana tras semana a su familia. Él era el hijo mayor, su padre le había enseñado que hay que luchar por lo que uno cree, con integridad y constancia. La constancia es la madre del éxito y la pereza la madre del fracaso. Tenía la obligación de hacer algo para sacar a su familia de la ruina en la que estaban cayendo. No podía seguir dejando pasar los días así, escapando de su realidad en la escuela y luego con Abdul. Era posible realizar la hazaña, algunas historias serían mentira, pero no todas. ¿Por qué no iba a hacerlo él también? Pero... ¿Y su madre? Si le decía que se iba a buscar la tierra prometida seguro que no le iba a dejar, le diría que se ha vuelto loco. Ella se quedaría en poco tiempo sin su hombre y sin su hijo, sería durísimo. Para Benyam también. Separarse de su madre no era ninguna tontería. Ella significaba para él lo mejor del mundo, aunque en ese tiempo no se soportaran. Hay muchas relaciones de amor entre madres e hijos que alternan las discusiones al límite con las reconciliaciones más tiernas. El amor de una madre suele ser incondicional. Benyam tenía que tomar decisiones, aunque fueran difíciles.

Un día quedó de acuerdo con un amigo para escapar juntos hacia el nuevo mundo, a buscar fortuna. De madrugada, antes de amanecer lo recogería. Sus madres no sabían nada de ello, no debían saber nada. El día concertado Benyam hizo un atillo y se fue a buscarlo. El incipiente resplandor del amanecer a lo lejos marcaba el tempo. Cuando entró en la casa de su amigo, cuya puerta se había encargado de dejar abierta, se encontró con la marcha atrás en su decisión. A última hora se había arrepentido y se lo había contado a su madre, que apareció con la intención de no dejar marchar a Benyam tampoco. Se puso delante de la puerta y la cerró con llave por dentro. Él sí que había decidido, lo tenía muy claro. Benyam sabía que había una puerta trasera en la casa. Se zafó de los intentos de ella para sujetarlo y salió por allí.

EL SUEÑO ETERNO

El camión lo dejó a unos treinta kilómetros del puerto. No se podía llegar más cerca. Rápidamente, tal como le habían aconsejado, salió de su escondite corriendo hacia ninguna dirección. Estaba totalmente exhausto, agotado, sacando fuerzas de no sabía dónde para mantener la vertical en ese primer recorrido por tierras extrañas. Su piel no era totalmente negra, destacaba en Desse por su contraste con la mayoría, pero ahora todo él era un conjunto de suciedad, manchas de grasa y de sangre. Parecía que lo hubiera atropellado un coche o fuera un superviviente de una explosión que deambulaba con el único objetivo de huir del desastre. Al mismo tiempo su mente tenía que ponerse en marcha, esto era una parte, aunque no esperada, era un capítulo en su viaje al sueño, había que ponerse las pilas y buscar refugio. Levantó la mirada y abrió los ojos con esa intención. Así comprobó que aquella era una zona donde los camiones paraban para bajar el remolque, había algún restaurante y algunas, pocas, casas. Tuvo suerte y en una de las primeras que encontró le acogieron y le hicieron las primeras curas de sus heridas.

Pronto salió de esa casa, allí no se podían permitir ese tipo de huéspedes, solo alguno se permitía lo justo, que fue lo que hicieron con él. Fue al salir cuando tuvo el primer choque consciente con el calor, con aquel calor insoportable y agobiante que caía sobre él como una losa de mármol. Estaba acostumbrado al clima más templado de Etiopía y aquello no se diferenciaba en mucho del soportado dentro del camión, era en ese aspecto incluso peor. El terreno era árido en extremo, las dispersas y bajas casas no aportaban sombras donde resguardarse de la solana, el suelo sin ningún tipo de pavimento era un salpicadero de tierra y piedras. Con esa sensación anduvo buscando no sabía muy bien qué. Algo o alguien le indicaría qué es lo que tenía que hacer. Era un chico de trece años a punto de cumplir catorce. Vio no muy lejos una reunión de personas que parecían jugar a algo. Se acercó. Era un juego parecido a la petanca y la gente que miraba se sentaba a ambos lados del carril por donde lanzaban esa especie de pelotas. Benyam se sentó y simplemente observó.

Al cabo de unos minutos se percató de que un hombre de unos treinta años y sentado enfrente se había fijado en él. Comenzaron a cruzar algunas miradas y parecía que había buena sintonía. A veces pasa con un desconocido, hay algo en él que da sensación de cercanía y te hace sentir bien sin saber el motivo. Cuando terminó el juego, aquella persona le invitó a acompañarle a comer al restaurante junto con tres o cuatro personas más. Estaba claro que Benyam necesitaba recomponerse. Ese hombre parecía que era respetado por todos, de camino varios le saludaron, no así a sus acompañantes. Sentados también uno frente al otro, sonreían, Benyam sonreía por primera vez desde que salió de su casa. Benyam tenía una sonrisa encantadora, dulce, contagiosa. En un momento dado aquel hombre se dirigió a él:

—¿Cómo te llamas?

—Benyam —contestó son voz suave y adolescente.

—Benyam... —repitió mostrando sorpresa, algo de inquietud también al oír su nombre—. Yo me llamo Kirós —dijo buscando una reacción al decir el suyo.

—Encantado —respondió educadamente.

—¿De dónde eres?

—De Desse.

—¿Has vivido siempre allí?

—Sí.

—¿Seguro? —Kirós quería saber algo más, pero parecía no atreverse a preguntarlo directamente o no sabía cómo.

—Seguro.

—¿Cómo se llama tu madre? —Esta resultó ser la pregunta.

—Ayal.

Y esa fue la respuesta que dio por resueltas las dudas de Kirós. Tenía un hijo a quien no veía desde que tenía cuatro años. Benyam tenía unos rasgos parecidísimos y el corazón le dio un vuelco cuando se sentó frente a él. A partir de ese momento Benyam se convirtió en una especie de protegido suyo y cuando le contó sus intenciones se ofreció a ayudarlo. Tenía que hacer los treinta kilómetros que lo separaban del puerto y él lo llevaría. Pero no hasta el mismo puerto. Kirós no. Kirós era un veterano en intentos de salida de ese país, estaba en busca y captura. Había sido deportado varias veces y, solo el hecho de haber conseguido salir le había dado fama entre los suyos. Ahora valoraba el arrojo del chaval y decidió echarle una mano. Le llevaría hasta su casa que estaba a unos dos kilómetros del puerto. Luego un amigo suyo se encargaría de lo demás. Pero dentro del puerto no podía entrar cualquiera. Cuando algunos que ya habían estado dentro se enteraron de lo que iba a hacer intentaron quitárselo de la cabeza. Le enseñaban fotos de cómo eran antes, caras normales al fin y al cabo, que se habían deformado por las marcas del sufrimiento, el veneno del odio y la tortura del hambre. Le contaban historias tremendas de muertes estremecedoras.

El puerto de Djibouti es un mundo aparte, un mundo en sí mismo. El estado de Djibouti como tal ya lo es. La ciudad de Djibouti contiene casi cuatrocientas mil almas, aproximadamente el noventa por cien de la población total de ese país. Más de ciento cincuenta mil pasan hambre de la de verdad y otras cien mil necesitan de alimentos con urgencia. Antigua colonia francesa que obtuvo su independencia no hace mucho, allí reina la corrupción. Se declaró zona de libre comercio para progresar y lo único que ha progresado es el saqueo de los recursos por los gobernantes. Se calcula que en cuatro años desparecieron literalmente sesenta y cinco millones de euros de la recaudación del estado. Allí conviven unos treinta mil refugiados somalíes y etíopes.

El puerto es una zona muy vigilada y controlad. Para empezar por los propios trabajadores, muy pendientes de que ningún polizón acceda a los barcos. Los franceses habían acudido hacía no mucho y se habían hecho con el control operativo. El descontrol que existía antes había desaparecido bajo una jerarquía y disciplina más organizada. La primera barrera es la entrada principal, custodiada por la policía y por soldados. La segunda, también controlada por la policía impide el acceso a los terminales de carga y descarga. La tercera es la zona de los contenedores, la más controlada debido a los robos que se producían de vez en cuando. Mirando al mar hay toda una batería de luces que por la noche barren el litoral buscando nadadores en pos de su buque liberador. Todo el puerto está rodeado por muros y vallas con alambres que lucen unas cuchillas muy afiladas y con un diseño especialmente aterrador, importado de la inteligencia francesa. Si te pillaban en la zona de los contenedores, aunque no hubieras hecho nada, eras acusado de ladrón e ibas directamente a la cárcel donde vete a saber qué iba a ser de ti.

El amigo de Kirós conocía muy bien todo aquello, horas y sitios por donde había alguna posibilidad de acceder al interior. Benyam tenía el presentimiento de que iba por buen camino. Estaba en manos de expertos. Es a partir de la una del mediodía cuando se reparte el "khat", la droga más extendida y de uso más abundante en esa zona del mundo. Etiopía la exporta a sus países vecinos y a otros como Inglaterra y Holanda. Deriva de un arbusto natural de África oriental y del sur de Arabia. Sus efectos son similares a los de la anfetamina. Mascar la hoja de khat produce euforia y exaltación de sentimientos de agudeza mental. Allí todos la toman, los vigilantes y guardianes los primeros. A partir de esa hora del mediodía todo se paraliza. La gente se sienta, comienza a mascar en reunión y hablan y hablan sin parar. Al cabo de unas horas unos acaban descontrolados y otros derrumbados por la bajada.

Pues bien, aprovechando esa circunstancia y ese momento, se acercaron a una parte del muro conocida por los "saltadores". El muro tenía unos dos metros, más otro medio de alambrada. Las cuchillas son escalofriantes y los desgarros que producen son tremendos. Esa parte del muro tenía en lo alto un hueco hecho a base de romper la piedra, lo que daba un acceso muy ajustado para un cuerpo, pero que permitía la posibilidad de rozar la alambrada sin ser herido. Saltó primero con destreza el amigo de Kirós y luego Benyam subió para, con muchísimo cuidado, introducir la cabeza y, flexionando hasta la cadera, poder ver lo que había detrás. Y lo que vio fue que el suelo estaba mucho más lejos de lo que preveía. Parecía que, a fuerza de tantos saltos, se había formado una cavidad en el suelo de aproximadamente medio metro más. Era posible que lo hubieran excavado los guardias para hacer más difícil el acceso. Pensó que era demasiado alto para él. Se quedó unos segundos controlando el miedo y, haciendo uso de esa gran voluntad e ilusión con que había ido cargado, se atrevió y saltó. De repente estaba tirado en el suelo, se levantó como pudo y echó a correr siguiendo a su asesor. Se fueron directos hacia la zona de los contenedores vacíos.

A partir de entonces, se encontró con toda una gama de especímenes humanos. En aquel puerto deambulaban un par de cientos de personas ansiosas de buscar esa salida a otra vida. Pero el tiempo y los intentos iban pasando sin conseguirlo, había personas que estaban años allí. La gente se convertía en salvajes sin ningún reparo a la hora de conseguir lo que buscaban, cualquier nuevo inquilino de ese hogar era recibido como mínimo con recelo. Muchos de ellos estaban llenos de cicatrices o amputaciones, por las peleas entre ellos, por los machetes, por las palizas de la guardia o por las heridas producidas en los intentos fallidos. Un nuevo candidato era un estorbo. El acompañante hizo correr la voz de que Benyam era hijo de Kirós y eso ayudó. También su condición de niño y su débil físico. Respetaron su integridad física al llegar, pero recibió todo tipo de mensajes aterradores. Benyam comenzaba a sentir miedo del de verdad, un miedo que se metía en la sangre y que advertía de los nuevos riesgos reales de todo lo que están queriendo hacer. Para dormir, si es que a aquello se le podía decir dormir, había que buscar sitios estratégicos. Le habían contado que aprovechando el sueño se cargaban a la gente. Que si uno se dormía podía entrar en un sueño muy profundo del que nunca despertaría. Y si te salvabas de eso igual daba la maldita casualidad de que a una grúa le daba por colocar un nuevo contenedor vacío en el hueco donde te escondías para dormir y... se acabó, morías aplastado. Aquello debía ser una antesala del infierno.

Y ahí comenzó también la barrera más temida, más que cualquier policía o guardia. Había dos bandas organizadas. Una era la formada por "los chicos de Aseb", que utilizaban la denominación del puerto de Eritrea. Etíopes en su mayor parte, controlaban una buena parte del flujo de personas, drogas y otros trapicheos. Eran crueles, muy crueles. Muchos de ellos eran veteranos de las guerras entre Etiopía y Eritrea, estaban curtidos en acoso y derribo, no conocían la compasión. La otra banda era la de los "oromo". Los oromo son originarios de una tribu de Etiopía, de una zona básicamente salvaje en el amplio sentido de la palabra. Estos eran igual de crueles que los primeros, pero quizá sin la "formación" criminal o la organización de los chicos de Aseb.

Fueron los oromo quienes comenzaron a asediarle. Le golpeaban sin parar cuando se cruzaban con él. Lo atemorizaban con amenazas de muerte si no se iba de aquel lugar. Estaba siendo atacado duramente en todos los sentidos, física y espiritualmente. Iban directamente contra su sueño, contra esa gran fuerza que estaba empezando a experimentar tras superar la prueba del camión. Aquellos chicos era unos experimentados pandilleros. Le torpedeaban con preguntas y con órdenes. Comenzaban con una bofetada, luego otra, así se calentaban. Unos se ponían delante y otros detrás, le venían puñetazos por ambos lados y para terminar, en el suelo, las patadas. Una verdadera pesadilla. Iba como novato buscando sitios donde estar seguro, pero siempre terminaba encontrándose con algunos de ellos. Benyam no estaba dispuesto a rendirse y además contaba con la ayuda de los chicos de Aseb que, al creer que era hijo de Kirós procuraron defenderlo de los oromo.

Al cabo de un par de semanas la fuerza con la que había llegado se desvaneció. No soportaba tanta presión y salió del puerto. Durante dos días deambuló por aquella ciudad. Tenía todavía algo del dinero que había cogido antes de salir y se mantuvo "en pie". Pero no duró mucho ese retiro, ese respiro. Había ido allí para lo que había ido. Tenía que volver. Se dirigió hacia la zona del muro por la que había entrado la primera vez. Allí se encontró con un chico oromo. Al verlo se alertó, se le había incrustado el miedo por esa gente. No pasó nada, incluso le ayudó a subir al muro. Benyam saltó y el otro chico se quedó fuera. Se fue hacia lo que conocía, cerca de los chicos de Aseb, por si acaso. Al cabo de una hora echó mano a su bolsillo para sacar algo de dinero y no lo encontró. Buscó, rebuscó por todos los posibles pliegues de su ropa, pero nada.

¡Qué desastre! Si pensaba que nada podía ir peor se equivocaba. Un calor tremendo le subió por todo el cuerpo seguido de una sensación de desfallecimiento. Cayó sentado en el suelo con unas ganas tremendas de llorar. Y lloró. Lloró amargamente durante un rato. Se había quedado sin nada y ahora llegaba a la conclusión de que era cuando comenzaba de verdad su viaje, su aventura. Estaba sin dinero, sin comida, sin amigos porque no podía llamar así a los de Aseb, esa protección era cada vez más ligera.

Pasados dos días el hambre se estaba haciendo insoportable. Allí se comía como los pájaros, lo que aparecía por cualquier rincón, por nimio que fuera. La suciedad era el pan nuestro de cada día, nunca mejor dicho porque del otro no había ni asomo. El agua, escasa de por sí, era imbebible si no fuera porque era imprescindible para sobrevivir, por su espeso y salado sabor parecía que se sacara directamente del mar. Con ese tipo de agua era casi imposible no tener diarreas continuamente. La mezcla de la suciedad con la humedad sofocante, con el calor punzante y la tensión nerviosa, viendo cómo pasaba el tiempo sin poder hacer nada, absolutamente nada, provocaba en Benyam una alternancia de melancolía con estados de rabia contenida, de desesperación, de impotencia. Tenía que encontrar comida como fuera, se le acababan las energías, las piernas le flaqueaban. Renqueante se dirigió a las afueras y se tropezó con la playa. Literalmente arrastraba las piernas hacia no sabía dónde. En un momento dado alzó los ojos del suelo, que se había convertido en irremediable visión, y vio una barca. Encima de ella había una niña blanca limpiándola, ella lo observaba con ternura y verdadera compasión. Benyam se dirigía hacia donde estaba. Ella lo miró con una gran pena en sus ojos y sacó una manzana del interior de su barca. ¡Una manzana roja y jugosa! Los jugos gástricos le dedicaron un concierto que ella oyó y le hizo sonreír. Extendió su mano y Benyam cogió esa manzana con ansia educada, la recogió como si fuera un tesoro. No dejó ni una semilla.

Ese suceso grabó en su piel, con sus recién cumplidos catorce años, que una de las mayores felicidades que puede tener un ser humano es poder ayudar. Sin importar con cuánto. Lo importante es el gesto y la intención con que se hace. Dar, sentir y disfrutar de la felicidad de quien lo recibe es asimismo una gran felicidad. Dio mil gracias a la vida por la señal que acababa de recibir. Una simple manzana había aliviado una gran depresión en la que estaba cayendo. Una simple manzana contenía la energía suficiente para seguir adelante.

Al día siguiente Benyam se dirigió otra vez hacia la playa. A lo mejor se encontraba con la niña. Solo verla sería para él un soplo de ánimo. No se trataba de que le diera más comida. Si había, bien, y si no, también. Anduvo hasta el mismo lugar, pero en la barca no había nadie. Subió y miró por dentro. Nada. Decepcionado y sin ganas de seguir andando, dio media vuelta. De camino se cruzó con un chico "oromo" del puerto, Gima le llamaban. Tenía fama de cruel y Benyam se puso en tensión. A pesar de todo confiaba que su nula voluntad de hacer daño a nadie se notara. Benyam no era un peligro.

—¡Hey Keyo! —Gritó desde lejos. Keyo era el apodo que pusieron a Benyam en el puerto. Significa "rojo" y el motivo era la claridad de su piel cuando llegó. Aunque con los días se fue oscureciendo de tantísimo sol, ese fue el apodo que quedó— ¿Qué haces? —le preguntó Gima con inesperada naturalidad una vez estuvo cerca.

—Nada. Dar un paseo —respondió.

—¿Qué coño hacías en esa barca? —El taco alertó sobre la falsa naturalidad.

—Nada.... solo... curiosidad —A Benyam le temblaba la voz.

—¿Y me vas a decir qué haces en el puerto? —La primera imagen débil y aniñada que tenían de Benyam iba desapareciendo para los demás conforme pasaba el tiempo y permanecía allí. Empezaba a convertirse en un rival.

—Esperar —dijo Benyam con suavidad y poniendo la mejor cara de buena persona que sabía.

—¿A qué?

—Algún barco... —Dudó si decirlo, pero tarde o temprano tenía que ser así. Igual la sinceridad provocaba un efecto positivo.

—Aquí estamos mucho tiempo esperando lo mismo —dijo Gima a quien se le comenzaba a notar claramente un punto de agresividad en su tono, por la presión en sus labios y las chispas en su mirada.

—No pasa nada. Yo esperaré a que vosotros os vayáis.

—No te creo —La ira iba en aumento.

—De verdad —Casi suplica—. Créeme —dijo haciendo ademán de querer seguir su camino.

—No te creo —insistió poniéndose delante.

—Pero si yo... —Iba a decirle que no iba a hacer nada que pudiera molestarlo cuando un destello le enseñó que aquel chico tenía una navaja.

No le dio tiempo a nada más. Gima fue a clavársela. Benyam dio un paso hacia atrás para esquivarla y cayó de espaldas en una alcantarilla. Perdió el conocimiento con la caída. Al poco despertó de su inconsciencia. Hacía mucho calor y algo le apretaba el pecho. Miró hacia dónde venía su dolor y vio que estaba todo ensangrentado. Volvió a perder el sentido.

VÉRTIGO

Por una de esas "causalidades" unos chicos etíopes pasaron por esa zona de la playa y le vieron. Al comprobar que estaba sangrando le hicieron una compresa para taponar la herida y se lo llevaron a su casa, fuera del puerto. Allí fue atendido y curado. Allí fue acogido y aliviado por una hospitalidad que le llegaba refrescante y vital. Dios había vuelto a ayudarle otra vez. Sus oraciones no habían sido en vano. Benyam había sido educado con el poder de la oración, otra de esas realidades consideradas por toda la ola racionalista de los últimos siglos como una treta más de las religiones, pero que la misma ciencia se está encargando de demostrar su efectividad. Hay que saber discriminar, y eso es uno de los grandes retos actuales de la humanidad, el daño que han hecho a lo largo de la historia las distintas religiones del mundo y su mensaje originario, divino y constructivo. El poder de una mente limpia y bien entrenada, el poder de una voluntad firme que hace de la fe un arma indestructible, la verdad de la conexión que existe entre todos los seres vivos y con la divinidad. Si quieres, puedes. Hay unas leyes inmutables y eternas. Si deseas algo con fuerza, si implicas tu emoción y tu atención, si la mantienes en el tiempo, el efecto se produce.

Benyam tenía la costumbre de recordar a Scarlet O'Hara en "Lo que el viento se llevó": "Juro por Dios... que yo no moriré, pero lucharé hasta morir para conseguir ese pan". Le impactó mucho esa película cuando la vio en su estupenda televisión. Benyam no sabía nada de leyes de atracción, pero sabía lo que quería y que lo tenía que conseguir. Había estado a punto de morir por nada. Había vivido en su propia carne lo fácil que era morir allí. Y precisamente esa levedad de la existencia le dio todavía más fuerza para seguir adelante. Pasó tres semanas recuperándose físicamente y curando la herida. Una herida que no había manera de cicatrizar por el calor y la humedad tan tremenda que hacía. Allí tardaba el triple de lo normal. Pasado ese tiempo, sin haber cicatrizado aún, salió de aquella casa, dando mil gracias por su ayuda.

Fue directo hacia la parte del muro de rigor. El extremo cuidado que tuvo no evitó que los roces de la herida en su pecho le provocaran unos dolores considerables. Pero llegó, saltó, corrió y se volvió a esconder en la zona de los contenedores. El episodio del navajazo había llegado rápido a los oídos de los habitantes del puerto. El hecho de que hubiera sido un "oromo" fue una excusa perfecta para provocar una buena reyerta por parte de "los chicos de Aseb". La rivalidad entre las dos bandas desencadenaba constantes y sangrientas peleas. Los oromo también son etíopes, pero no era lo mismo. A Benyam esto le beneficiaba algo por el hecho de tener ya una medalla en forma de cicatriz, pero no demasiado, no podía relajarse. Allí no duraba mucho, más bien nada, algo que tuviera que ver con compañerismo.

Así, escondido, vio unas plataformas que antes no estaban. Eran plataformas para vehículos que ahora estaban vacías y apiladas de tres en tres, dispuestas para ser cargadas en un enorme barco donde cabían hasta aviones. Estaban enganchándolas en ese momento. Eso tenía toda la pinta de ser un buen medio para subir a bordo de uno y salir de aquel infierno. Aprovechando la madrugada se introdujo velozmente debajo de una de ellas, encontró el hueco y la forma para sujetarse entre unas barras cruzadas de hierro sin ser visto. Una cruzaba en horizontal la plataforma y la utilizó para apoyar la espalda a la altura de los hombros, otra cruzaba en diagonal y le sirvió para apoyar una pierna, la otra apenas le daba para la punta del pie. Así, con el suelo de la plataforma a pocos centímetros de su cara, concentrado en la maniobra, sin saber muy bien de qué manera iba a hacerlo, rezó buscando refuerzos. Procuraba no hacer ruido ni con la respiración cuando un susurro le sobresaltó. "¡Benyam!". Del susto se dio con la cabeza en uno de los hierros y aguantó el quejido como pudo. No podía ser, nadie le había visto, estaba seguro. Pensó que igual eran alucinaciones por la tensión, pero el nombre se repitió "¡Benyam!". Se giró hacia atrás y allí estaba, en su misma plataforma. ¡Era Metahara! Uno de los más famosos y temidos, una leyenda viviente entre los suyos. Su nombre real no se sabe cuál es, Metahara es el nombre de su lugar de nacimiento, una costumbre en el puerto. Superviviente de incontables intentos, casi tantos como estancias en la cárcel, resistente a numerosas peleas, traiciones y artimañas. Era esbelto y huesudo, de complexión nerviosa y movimientos casi espasmódicos. Su potente voz era rara vez utilizada para algo que no fuera maldecir o dar órdenes. Había llegado hasta Europa, era un verdadero maestro, un ejemplo a seguir. Estaba en la misma plataforma que él, pero más atrás, en el mejor sitio que podía haber allí, si es que alguno era bueno. Se le veía molesto por la intromisión de Benyam en su nueva odisea. Más aún, despedía ira y fuego por sus ojos. Ese crío podía echar al traste todo. Como era un tío inteligente no tuvo más remedio que valorar que era demasiado tarde, las maniobras para el enganche ya habían empezado y si alguno llamaba la atención sería un desastre. Así que optó por aconsejar a Benyam sobre la mejor forma de sujetarse y sobre el mejor momento para saltar. Si no lo hacía bien podía resultar herido, o muerto, y el escándalo lo delataría.

El buque era un portacontenedores. Para manejar las cargas usan grúas que pueden levantar cincuenta toneladas con distancias de hasta cincuenta metros. Arrancó el vehículo de arrastre y sintió un fuerte tirón. El movimiento era lento, estaba sujetándose de espaldas al suelo y notaba cómo la camiseta tocaba el suelo. Así tenía que recorrer los quinientos metros que habría hasta el barco. Conforme hacía el camino las vibraciones le desplazaban de su posición inicial, clavándosele los hierros donde estaba apoyado. El cuerpo iba moviéndose poco a poco y el hierro superior donde apoyaba la espalda ahora ya se le clavaba en el cuello. El camino era largo y la posición que tenía estaba siendo ya imposible. En un momento determinado nota cómo algo le sujeta la pierna que estaba descolgándose. Es Metahara, quien bien podía haberle dejado caer, hubiera sido aplastado sin duda por la parte trasera de la plataforma y, por lo tanto, una cosa menos por la que preocuparse. Pero no, él estaba mejor colocado, a más altura, mirando boca abajo y le evitó un susto de muerte. Así pudo recuperar un poco de posición y de seguridad, a pesar del desgaste físico que estaba sufriendo.

Cuando llegó al punto previsto, la grúa comenzó a elevar la plataforma y Benyam se asió con fuerza siguiendo las instrucciones de Metahara. El corazón se le puso a latir desbocado pero su cuerpo respondía. Comenzaban a coger altura y eso le impresionó. De repente, un movimiento brusco hizo que estuviera a punto de caerse, no había medido bien la sujeción de sus piernas y estas le descolgaron de su amarre. Estaba a unos veinte metros de altura sujeto solo con las manos, no podía volver las piernas a su posición anterior. Solo miró una vez hacia abajo, una caída era mortal de necesidad. Veinte metros son muchos metros. Metahara, expectante, no le quitaba ojo y le iba aconsejando, le animaba. Los brazos, esos aún débiles brazos, temblaban por la fuerza que estaba realizando para mantenerse colgado a esa altura. Encogía como podía las piernas para no ser visto y eso hacía necesaria más fuerza para aguantar. No sabía que la ubicación de la plataforma hacía que nadie pudiera verlo, eso hubiera aliviado algo, pero no lo sabía. La imagen de su madre apareció, llorando desconsolada viendo a su hijo destrozado, aplastado y muerto. El recorrido se le hizo interminable. Unos segundos fue la diferencia entre llegar al barco o soltarse y caer. Aguantó como pudo, nunca había imaginado tener esa resistencia. Metahara tampoco. Quedó empapado en sudor y jadeos de nerviosismo, que debía silenciar.

Una vez en el barco, Metahara inició la búsqueda de un lugar seguro. No había tiempo que perder, ni tiempo para recuperarse del susto que tenía Benyam en todo el cuerpo. Siguió como una lapa al maestro y se refugiaron en un lado del inmenso almacén al aire libre que contenía aquel barco. Cuando estuvieron acomodados, Benyam, maravillado como un fan ante su ídolo, se atrevió a asediar con preguntas a Metahara. Le preguntaba sobre sus aventuras, ávido de aprender insistía recibiendo únicamente monosílabos, como mucho alguna frase corta y cortante. Al poco, Metahara, harto de tanto interrogatorio le ordenó que callara con esa autoridad que transmitía puro temor. No tuvo más remedio que obedecer.

Así, en silencio, permanecieron veinticuatro horas. Metahara no mostraba la más mínima preocupación y, si la tenía, no se notaba en absoluto. Sabía dormitar dando cabezadas sin perder del todo la conciencia. Benyam no paraba de darle vueltas a sus pensamientos. La verdad es que estaba con alguien muy temido y cruel. Sin embargo, hasta ahora le estaba acogiendo junto a él como si fuera su colega. Sus ganas de aprender se revolvían cuando las dudas aterrizaban. ¿Por qué le permitía estar con él? ¿Cómo un ser tan superior le dejaba compartir escondite? Quizás tenía algo pensado contra él, quizás era un sádico y pensaba cebarse haciéndole daño vete tú a saber cómo. Benyam no podía dormir, ni dormitar, ni respirar con tranquilidad. Veinticuatro horas en pleno silencio en el interior de aquel barco, oyendo los ruidos de la tripulación y sus maniobras.

Y el hambre evidentemente llegó. Ya habían pasado treinta horas como indicaba su reloj sumergible "Casio", a salvo de los ataques recibidos, objeto de lujo para él y por lo visto no para los demás, que se lo podían haber quitado a la primera. Benyam se remordía de hambre, otra vez el hambre acuciaba. Durante este tiempo competía en intensidad con la suciedad y con el dolor de las palizas recibidas. En lo espiritual, la melancolía, la soledad y la depresión rivalizaban con la ilusión, la emoción del éxito por venir y la confianza instintiva que había despertado en su corazón. Hasta ahora siempre iban ganando los últimos, aunque fuera en el último minuto y de penalti.

En estas circunstancias siempre se sobrepone el momento presente y la supervivencia. Ahora había que ganar la partida al hambre que asestaba sus hachazos. Metahara, a pesar de todo, también era un ser humano con sus necesidades biológicas. Comer era una de ellas. Con un movimiento brusco y a la vez felino se levantó, se giró hacia él y le amenazó con un paralizante "¡No te muevas por nada y para nada! ¡Espérame aquí!". Benyam sintió un combinado de temor y un cosquilleo de emocionante aventura. Solo otra vez esperó durante una larga media hora. Entonces apareció Metahara con un par de mortadelas y agua. ¡Sí, era su héroe en ese momento! Le supo a gloria bendita. Venía de la basura pero era un manjar para sus sentidos. Una generosa dosis de alivio.

Pasó un día y medio más en ese sitio y de esa forma. Metahara comenzó a relajarse y a hablar. Le contó aventuras de lo más increíble para Benyam, que escuchaba con todos sus sentidos buscando lecciones. Pero los "cómos" no los contaba. Para Benyam era irresistible seguir preguntando, quería, necesitaba saber más, los detalles, en los detalles nos jugamos la vida que queremos. Pero no se atrevía, la orden dada el primer día todavía resonaba en sus tímpanos y el temor a las consecuencias del desacato, en su estómago. Un día y medio más volvía a hacer mella en sus entrañas vacías. Metahara volvió a salir. Pasó la media hora de ocasión anterior y no había vuelto, podía ser normal. Benyam controlaba su inquietud, pero cuando fueron pasando las horas el desasosiego era tremendo en ese mínimo espacio, puerta para la libertad y cárcel al mismo tiempo. Fue entonces cuando comenzó a oír gritos y carreras. No entendía el idioma, parecía oriental, japonés o chino, o algo así. Estaba claro que habían capturado a Metahara. Ahora le tocaba a él.

La leve llama de esperanza que sostenía en su pensamiento el hecho de que Metahara no le delatara se extinguió enseguida. Estaba claro, alguien con su reputación no iba a permitir que un niño le ganara esa partida. Menuda mancha en su carrera. Pero Benyam entonces no sabía que lo primero que un polizón es obligado a hacer si le encuentran es indicar el sitio donde se había escondido. Las tripulaciones quieren saber cómo ha sido para evitar, dentro de lo posible, nuevos intentos.

Para el mando del buque, por dos polizones ya valía la pena volver al puerto. Las multas que tiene que soportar

65

no les compensa el combustible, el mantenimiento de la tripulación ni el tiempo gastado. Cuando volvieron los entregaron directamente a la policía. El camino estaba claro, el destino también. Era la cárcel.

CON LA MUERTE EN LOS TALONES

Es difícil explicar lo que se siente allí dentro, en un calabozo de Djibouty. El calabozo era la antesala de la cárcel.
En una habitación de unos cuarenta metros cuadrados se
hacinaban a veces hasta treinta personas. Esto significa que
salían a poco más de un metro cuadrado por persona. Una
esquina con una pared en diagonal tenía el hueco vacío de
una puerta y la cuña que formaba, de escasos tres metros
cuadrados, contenía ducha y retrete, las dos en ese espacio,
si es que se puede llamar así, diáfano. Se puede imaginar
la combinación de sudores, heridas, heces, alientos y otros
gases que se concentraban en ese rincón olvidado del mundo. Allí no aparecía nadie a limpiar. Pero lo que se sentía
con más profundidad era la crueldad, la falta absoluta de
humanidad. Una vez ahí dentro ya se depende del buen o
mal humor de la policía para que te envíen o no a la cárcel
como tal.

El calabozo estaba ubicado dentro de un recinto valla-
do, a unos cincuenta metros del cuartel. Había una rejilla
situada a dos metros de altura, en ella se colgaban de vez

cuando para llamar a gritos a los posibles conocidos que pasaran por fuera de la valla. Esa era única forma de conseguir algo de comida. La dejaban a la entrada del recinto y cualquiera de los guardias la llevaba al calabozo para, con una rápida apertura de la puerta, dejarla caer dentro. Y dentro, evidentemente regía la ley del más fuerte, del más cruel. Se formaban unas peleas cruentas para hacerse con la comida. Gente había muerto ahí dentro por ello.

Dormir era de lo más arriesgado. Apretado dentro de sí mismo, no se atrevía ni a mirar a los ojos de nadie, solo escuchaba las conversaciones y los relatos tortuosos, las amenazas más inimaginables se cruzaban de pared a pared. En ocasiones se organizaba, dentro de lo que el espacio permitía, una refriega entre dos o más. Él solo escuchaba los golpes y los quejidos hasta que algún vigilante ponía orden. Estaba totalmente desfallecido, no había comido prácticamente nada en dos días y aquel, evidentemente, no era el sitio indicado para recuperar fuerzas. Lo que suponía vivir esa situación se deja al arbitrio de la imaginación del lector.

Así pues, allí el débil era el más atacado. Benyam era un chaval al que solo le quedaban dos opciones, ser lo más cruel que pudiera o ser el más listo. Ese don natural le salvó de la quema. Los genes de sus progenitores estaban en él y, cada uno con su idiosincrasia, había demostrado su habilidad para salir adelante. Los vigilantes repararon en el contraste de la imagen indefensa de Benyam entre tanta maleza humana y, a los cinco días, por arte de magia o por la gracia de Dios, lo sacaron de allí para limpiar el suelo del cuartel, el de la oficina, limpiar la vajilla, etc... Benyam salió disparado hacia sus nuevas labores, pero pausado mentalmente. Esa oportunidad había que aprovecharla como si le fuera la vida en ello. Igual era así. Estaba totalmente agotado después de tantos días con apenas alimento en el cuerpo. La verdad es que era así.

Hasta ahora Benyam se había refugiado en su imagen y en su presunta inocencia, buscando salir indemne del infierno que había encontrado en Djibouty. Alguna ventaja le había supuesto, pero tenía que dar un paso adelante. No debía dejarse llevar por las circunstancias, como hoja en la marea del océano no llegaría a buen puerto, nunca mejor dicho. Él ya sabía que a partir del mediodía, entre la una y las dos, el khat se esparcía y todo se paralizaba. Era como si se viviera otra dimensión. La administración, los controles, la organización desaparecía, era un estado anárquico, más aún de lo que era normalmente. Eso tenía la ventaja de los descuidos, pero también el peligro de la inconsciencia. En aquel mundo una vida no valía nada. Eso ya lo había aprendido. Nada. Pero si quedaba un mínimo de autocontrol, el khat lo hacía desparecer. De la misma forma podía pasar absolutamente de todo, la ligereza a la hora de asestar golpes mortales podía ser total. Pero algo tenía que hacer.

Se dio cuenta de que el vigilante, al dejar la comida, no había cerrado bien la puerta. Bien. Cogió todo el valor que pudo. Tenía la visión borrosa y una debilidad total. En el momento decidido y a la voz interior de tres salió corriendo como una gacela. Se cruzó con algunas caras conocidas que no le reconocían, con algunas miradas que no miraban, y salió del recinto con una facilidad que le asombró. Se encontró libre. Había tenido éxito. Estaba contento, casi exultante, toda una proeza digna de su aventura. Se paró en una esquina, apoyado contra la pared, recuperando la respiración agitada por el "sprint". Contento... El calor de la tarde temprana aumentó el número de gotas de sudor que caían por su frente, desde las cejas y la punta de la nariz caían al suelo a buen ritmo. La camiseta estaba empapada. Las fuerzas que había cargado para la carrera se agotaron rápido. Venía de una escapada fallida en el barco pasando por la casilla de la cárcel, en total unos diez días. Las piernas le temblaban, los músculos no le respondían, tenía los ojos hinchados como los de un sapo. Si durante el tiempo que llevaba en el puerto había pasado verdadera hambre, esos días habían hecho un buen trabajo reforzando sus carencias. Contento... sí, pero ahora se enfrentaba de nuevo a esa falsa libertad dentro de la otra cárcel, el puerto de Djibouty.

El episodio con Metahara había provocado un reforzamiento de los controles y la vigilancia. Cuando se captura un polizón, el organismo del puerto pierde autoridad y los vigilantes pierden sueldo. Inmediatamente pusieron en marcha una operación *raf*, una redada intensiva, con consecuencias directas y abundantes en capturas de presuntos polizones. Las cárceles se desbordan después de alguna. Los chicos de Aseb y los demás culpabilizaron a Benyam del *raf* y del aumento de los controles. Cargaron la responsabilidad del intento fallido a Benyam. Metahara ya había salido también y se había encargado de que quedara clara su culpabilidad. La gente le creyó, era muy lógico. El instinto de protección que había tenido hacia Benyam en su huida tenía un límite. Se necesitaba poco para acosar a nadie, pero una excusa como esta era perfecta para darle más caña, los de Aseb ya no le protegían. La conjunción del hambre y las palizas estaba siendo demoledora.

Unas bandas de niños oromo, entre nueve y doce años, la habían tomado con él. Aquellos niños, que iban todo el día esnifando cola, se aparecían en tropas de diez y, entre risas, le atacaban con toda la imaginación que poseían. Una de las más retorcidas era el resultado de unir con una tira de tela parte de un manojo de cuchillas de afeitar, dejando al descubierto una afiladísima arma corta que agitaban con una rapidez vertiginosa. Le rodeaban y, como si fueran aspas de un ventilador, le atacaban aprovechándose de su ligereza, tamaño y rapidez. Eran como pirañas, aunque consiguieras deshacerte de una, el resto seguía trabajando. Sangraba a todas horas por los cortes producidos, sobre todo en los antebrazos al usarlos para protegerse, la cara tampoco quedaba a salvo. Las curas después de una paliza, o de cortes como esos, brillaban por su ausencia, la mayor higiene posible y ya está. Solo quedaba pensar "El tiempo todo lo cura". Los niños "oromo" se convirtieron en un verdadero horror.

Ya estaba más de dos meses en el puerto. Ya había comprobado que se jugaba la vida cada día, que los castigos físicos eran la constante, que no había manera de quitarse la pringosa suciedad de encima y que el hambre azotaba a todas horas. Argumentos suficientes para que un chaval de su edad decidiera volver con su madre y sus hermanos, con sus amigos, con su televisión. En casa la vida estaba siendo dura, pero no resistía comparación. Sin embargo, la fuerza que había emergido en su interior viajaba paralela a las tentaciones de rendición. Su sueño permanecía inalterable, sus ganas de triunfar estaban muy sólidas, la visualización de su imagen rodeada del éxito le recargaba y compensaba la debilidad física. Esa imagen suya se repetía varias veces al día, acudía a ella como si entrara en un restaurante o se tumbara en una confortable cama. Sentía un cosquilleo en el estómago que se iba esparciendo por todo el cuerpo activando todas las células y proveyéndolas de un alimento divino. No iban a poder con él.

Había que buscar comida como fuera. Comenzó a rastrear la zona buscando puertas traseras de restaurantes donde recoger restos. Ahí se la jugaba porque era algo extremadamente controlado por los chicos de Aseb. Rebuscando por todas partes, un día tropezó con Hawa. Hawa era una hermosa joven que vendía café en una esquina del puerto, a la salida del cuartel. A la llamada de su belleza acudían todos los días a comprar los guardias, vigilantes y policías. Se formaban largas colas en las que se alternaban los comentarios, las bromas y las insinuaciones, competían para ver quién conseguía el premio de su conquista. Cuando la vio, ella le sonrió y él le correspondió. Había algo en la sonrisa de Benyam que tenía un efecto inmediato en las personas. Él se acercó. De una manera silenciosa y no forzada, se acopló a un par de metros con su consentimiento. Estaba a gusto y ella también. Tendría unos veinticinco años, Benyam le dio pena y su instinto de protección afloró.

Los hombres que hacían cola empezaron a mirarlo con mala cara. Ese crío estorbaba. Además, no era tan crío. Algunos comenzaron a amenazarle o a darle golpes disimulados. Hawa se enfadó, marcó distancia y respeto para él. No tuvieron más remedio que ceder si pretendían conseguir algo con ella. Un vigilante tuvo una idea para deshacerse de él. Lo mandaría a por cigarrillos, allí no se venden paquetes, seguro que se quedaba con el dinero y no volvía, como los demás. Hasta entonces siempre había sido así para quien lo intentaba, todos se quedaban con la moneda. Pero Benyam volvió. Probó otro, y otros, y otros días.

Benyam, diligente, compraba el tabaco y hasta devolvía el cambio. Se corrió rápido la voz, a los guardias les venía como el agua poder contar con alguien así, ellos tenían terminantemente prohibido abandonar el recinto.

De esa forma Benyam fue cogiendo confianza con algunos policías, que incluso llegaron a ver su relación con él como puntos positivos para llegar al corazón de Hawa. Los recados fueron aumentando en frecuencia y variedad hasta que Benyam entraba ya en las oficinas "como Pedro por su casa". Se quedaba cada vez más tiempo en ellas, observando y escuchando las conversaciones. Aprendió sobre los diferentes tipos de barcos que iban y venían, tramos de horas para cada tipo de cargas, muelles más utilizados. Le permitían comer algo de su comida, podía beber agua en condiciones. Eso fue como un milagro. Agua bendita que le ayudó a mantener fresca la mente y la retentiva de todo lo que veía y oía.

Además de conseguir algo de dinero, los polizones comenzaron a acudir a él para preguntarle, para averiguar. Se convirtió en poseedor de información valiosa, consiguió poder y, lo más importante, respeto. Sin saberlo comenzó a usar la táctica del Lazarillo de Tormes, novela picaresca anónima de la España del siglo XVI, llena de pobreza, hambre, engaños y mendicidad. Lázaro, un niño inocente que queda solo en el mundo es puesto al servicio de un ciego. Este le hace burla haciéndole creer que, si acercaba el oído a una estatua de piedra con la forma de un toro, escucharía cosas maravillosas. Cuando lo hace, el ciego le propina un fuerte golpe contra la piedra y le dice: "Necio, aprende que el mozo de un ciego un punto ha de saber más que el diablo". A ello responde Lázaro pensando: "Verdad dice este, que me cumple avivar el ojo, pues solo soy y he de pensar cómo me sepa valer".

HORAS DESESPERADAS

El tiempo iba pasando tan lento como rápido, lentas las horas, rápidas las semanas. Llevaba allí ya cinco meses. El poder que le daba la información tenía que ser usado para algo más que librarse de palizas. Kamir era camarero en un restaurante de los que había en el puerto. Aquellos restaurantes servían en algunas ocasiones para salvar el día del ayuno total. Sentados en las sillas situadas en la puerta de entrada, frente al televisor que ponían en común, aguardaban la entrada de algún afortunado conocido que lo recogiera al verlo, una costumbre allí. Con algunos camareros entablaban una relación suficientemente buena como para recibir algo de comida por la puerta trasera. Con Kamir esta relación fue a más.

Kamir era un chico etíope, de educación exquisita, serio, trabajador, muy tímido y callado. Llegó a mantener largas conversaciones con Benyam en las que le mostró su interés por ser polizón. Era algo que le daba miedo por si le cogían y perdía su trabajo, pero le hubiera gustado probar, aunque fuera una vez, intentarlo una vez. Pero hasta el momento no se había atrevido. Benyam estaba ahora en condiciones de proponerlo.

Contaba con información y con una experiencia, pero sobre todo, información.

—¿Entonces te vas a decidir? —le preguntaba Benyam después de meditar sobre su nuevo intento.

—...Sí —contestó Karim superando sus miedos. Necesitaba reflexionar mucho sus decisiones, muy propio del carácter etíope. Si a esto le unías los recelos, la demora en actuar se alargaba. Necesitaba que alguien le diera un empujón.

—Ahora es muy buen momento. El *raf* ha dejado vacío el puerto —La visión del puerto vacío había dejado en Benyam un sentimiento contradictorio. Se estaba acostumbrando al riesgo, a las emociones fuertes y verlo vacío, sin vida, le producía cierta tristeza. Pero por otro lado se abrían nuevas oportunidades, dejaban más libre el camino.

—¡Pues venga! —Karim estaba ya ilusionado e inquieto por hacerlo— Nos subimos en el primero que venga.

—Despacio —Benyam hablaba como un veterano—. Hay que elegir bien. No querrás que el barco te lleve a Tanzania —Eso era como volver a casa.

—Claro que no. Tienes razón... ¿Y cómo vamos a saber si el barco que cogemos va a Europa o América? —preguntaba Kamir.

—No podemos tener seguridad total —Benyam no podía evitar sentir cierta vanidad por dar lecciones a alguien mayor que él y adoptaba una posición de maestro—. Los barcos que vienen de allí están con la carga a tope y eso hace que se hundan más en el agua. Aquí descargan y luego se vuelven llenos de contenedores vacíos. En esos se nota la diferencia por su nivel en el agua, flotan más alto. Esos son los que nos convienen. Si te metes en uno de los que vienen cargados, puede estar muchos días amarrado hasta que lo descarguen por completo. Y si entras demasiado pronto, o te mueres de hambre o al final tienes que salir. Y si te cogen... —dice haciendo el gesto de cortarse el cuello con el dedo.

—Vaya... —Kamir quedaba pensativo y reteniendo lo que Benyam le contaba— ¿Y por qué no entramos con comida?

—Hay que ser práctico Kamir —insistía—. Cuando decides jugártela tienes que asegurar. Otro dato, por ejemplo, los barcos con bandera panameña son de cualquier parte menos de Panamá. Los panameños pagan menos impuestos y muchos países utilizan su bandera para ahorrar mucho dinero en tasas de los puertos. Un barco con bandera panameña tiene muchos puntos para ir a Europa o América.

—Vale, vale —contestó controlando su nueva impaciencia.

—¿Sabes nadar? —le preguntó Benyam.

—Sí.

—Hay un barco en alta mar —Benyam lo había visto salir hacía un par de días—. Tiene bandera americana. Es de los buenos. Está parado haciendo una de las esperas habituales para estar seguro de que no haya ningún polizón dentro.

—Entonces el *raf* ha sido por eso. ¿No?

—Claro. Cuando hay un barco americano la gente se vuelve loca. Todo el puerto se convierte en una pelea, los más fuertes hacen guardia, forman grupos con navajas y machetes. Es una locura.

—¡Qué barbaridad!

—Hace ya mucho tiempo un barco americano se negó a contratar vigilantes. A última hora decidieron hacer un registro antes de zarpar y encontraron cuarenta y cinco polizones —Benyam llevaba el tiempo suficiente para conocer muchas aventuras.

—¡Cuarenta y cinco!

—Sí. Los dejaron en el puerto y zarparon. Una vez en alta mar decidieron no buscar más. Sabían que si tenían hambre acabarían saliendo. Esperaron hasta cinco días. Salieron quince más. ¿Y sabes qué pasó?

—¿Qué? —preguntó intrigado.

—Resultó que había dos más que resistieron sin salir, no se sabe cómo.

—¿Y los cinco días sin comer?

—Sí —dijo Benyam— Esos dos llamaron para decir que habían llegado al paraíso. Fueron los primeros que llegaron. Desde entonces se vio que se podía hacer. Pero también desde entonces los americanos obligaron a Djibouty a hacer más controles y también vigilaron más sus barcos.

—Pero cogieron a muchos...

—Pero habían llegado dos. Eso fue suficiente —dijo Benyam con los brillantes ojos de un valiente—. ¿Sigues queriendo ir?

—Sí —dijo Kamir con un gesto de valor—. Sabes que hay tiburones. ¿Verdad?

—Si otros han podido, nosotros también —Benyam lo decía con seguridad, aunque por dentro tragara saliva.

—... Vale —Karim quería contagiarse de su valor.

—Pues bien, esta noche a las doce saldremos —Terminó con autoridad.

Benyam le enseñaba todo su coraje. Era muy consciente a esas alturas del riesgo de todo ello, pero seguía contando con una voluntad de hierro. Parecía que tenía la capacidad momentánea de olvidar todo el sufrimiento pasado y verlo como si fuera una película ajena. Volver a empezar de nuevo con toda la ilusión. Algo que pocos podían hacer.

A la hora pactada los dos estaban en el muelle, en el mejor de los sitios para no ser vistos. El barco se veía a lo lejos, pero la distancia era asequible. La tensión en ambos estaba álgida. El silencio era total, impresionaba. Benyam debía disimular para animar a Karim, pero su corazón latía con fuerza. No dejaba de ser un chavalillo. Las luces vigías recorrían la costa. Se zambulleron lo más sigilosamente posible y comenzaron a nadar estilo braza. El agua estaba fría. Cuando veían llegar un haz de luz se sumergían durante unos segundos para luego seguir con su desplazamiento, lento y silencioso. Si los descubrían dispararían sobre ellos. Al llegar a un punto fuera del alcance de los focos se miraron. "¡Vamos allá!".

A partir de entonces cambiaron a estilo crol, siempre conscientes de reservar la fuerza necesaria. Las luces del barco eran una muestra de su grandiosidad. Grande y reluciente, parecía una nave espacial, lejos, pero a su alcance. El éxito les esperaba con un decorado de lujo. Nadaron con constancia, con conciencia, manteniendo la orientación, con profesionalidad. Benyam contaba con su reloj "Casio" sumergible que le enseñaba lo que tardaban. Coordinaban alguna corta parada y seguían con su recorrido. Cuando llevas mucho tiempo nadando, la mente se automatiza y el esfuerzo limita los pensamientos, que se dirigen a conseguir más metros de avance.

El tiempo iba pasando, una, dos horas... En el camino rozaba sus cuerpos algún que otro pez. Esos contactos eran estremecedores, a Benyam le recorría un escalofrío por todo el cuerpo cada vez que pasaba. No quería ni pensar en los tiburones, pero sabía que por ahí había peces grandes porque había pescado alguno en el muelle. Era una de las formas de hacerse con algo de dinero, se colocaban en el muelle junto a los barcos y con una cuerda y una sardina de anzuelo se ponían a pescar. Lo que pescaban se lo vendían a gritos a las tripulaciones.

La sensación del mar, cuando estás tan adentro, es de un poder inmenso, y la inseguridad que se puede sentir también. A medida que avanzaban esperaban ver más grande el barco, pero no era sí, no estaba tan cerca como habían pensado al principio. A las tres horas el cansancio era tremendo, tenían que regular más, hacer más descansos para recuperar respiración. Un nudo se les iba cogiendo al estómago. Tragaban mucha agua, el esfuerzo pasaba factura. Eso no era lo previsto. Pero una vez ahí había que seguir adelante. El barco les esperaba, otra vida les esperaba. A las cuatro horas estaban lo suficientemente cerca como para divisar la bandera norteamericana. Era lo mejor. Benyam había pensado que, si sus cálculos en tiempo fallaban, aún sería peor que se hubiera equivocado de barco. Ver la bandera les dio ánimo a los dos, aumentaron el ritmo, ya estaban muy cerca.

Cuando lo tenían a tiro, pararon para recuperar respiración dentro de lo posible, mantenerse a flote también requiere su esfuerzo. Estaban, a pesar de ser de noche, bajo la sombra de aquella enorme nave que se elevaba en las alturas como un enorme cubo. Había que planificar la subida. En ese instante un fuerte ruido metálico les alertó. ¿Qué era eso? Miraron el lugar de donde provenía y... ¡Estaban levando el ancla! El buque se disponía a partir. Eso signi-

ficaba que... ponían en marcha los motores y las hélices.
Benyam había oído que si estás cerca de un barco, la fuerza
de las hélices te atrae hasta absorberte. ¡Acabarían destro-
zados! No podían gritar, porque no debían y porque no
tenían fuerzas, pero la rabia y la desesperación eran bruta-
les. Tenían que alejarse y lo más rápido posible. No sabe de
dónde sacaron las fuerzas pero se pusieron a nadar como
posesos en dirección contraria, en dirección hacia donde
habían partido. Era realmente asombroso cómo el cuerpo
era capaz, después del tremendo desgaste que tenían, de
responder ante una situación límite como esa.

Una vez fuera de peligro, los dos tenían ganas de
llorar, pero no debían tragar más agua. Ahora había que
volver. No había otro remedio. Volver ahora... La frus-
tración les invadía el corazón y la pena se empezaba a
convertir en miedo. Estaban muy lejos de la costa. Pero
que muy lejos. No tenían ni idea de si eran capaces de
volver. El barco se alejaba y ellos estaban solos en la in-
mensidad de un mar ante quienes ellos eran un simple
escupitajo. Mientras estaban nadando con un objetivo
que les estimulaba, no reparaban en el riesgo de que ocurriera lo que ahora estaba pasando, solo había que nadar
y nadar. Ahora flotaban al antojo de lo profundo, bajo
sus pies un espacio desconocido con habitantes desco-
nocidos emanaba todo el poder y seguridad que a ellos
se les escapaba.

Otra vez a nadar, era inevitable, no había otra solución si querían tener alguna. Se desearon suerte, conscientes de que la muerte podía aparecer en algún momento. La voluntad, la fuerza de voluntad había que sacarla como fuera. Y así, nadaron, nadaron lo mejor que pudieron, como pudieron. Paraban para descansar flotando boca arriba, cambiaban de estilo, de crol a braza, que era menos cansado, y a espalda cuando dolía esa posición, para volver luego otra vez a braza. Tuvieron la suerte de encontrar algún banco de arena que permitió apoyar la punta de los dedos, a veces algo más. Las cuatro horas y pico que necesitaron para el viaje de ida ya habían pasado y todavía se veía muy lejos la costa. El agotamiento les hacía perder la orientación y a veces nadaban en dirección paralela a su objetivo, iban haciendo "eses" alargando más aún el viaje y el desfallecimiento. Cada vez tragaban más agua por la descoordinación de sus movimientos, los vómitos aparecieron, las toses hacían que tragaran agua.

Cuando llevaban seis horas nadando a través de su tragedia, llegaron los síntomas de rendición cual montañero exhausto. Benyam se dejó llevar por la supuesta voluntad de Dios en dos o tres ocasiones, pero un resorte interior le despertaba de su incipiente inconsciencia para reconducir su coraje. Había que sobrevivir, "lucharía hasta morir para no morir" como decía Scarlett O'Hara.

Y Dios no se olvidó de los que tienen el coraje y la fe de Benyam. Se presentó en forma de una barca con pescadores. El peligro de una parada cardiaca estaba ahí, algo de eso ya saben los pescadores. Tenían el cuerpo casi blanco con zonas en extremo amoratadas, era en verdad impresionante. La piel se había secado y arrugado tanto que las marcas de la mano parecían material de papiroflexia. Los atendieron lo justo para después ejercer de cívicos habitantes de Djibouty, pero de la forma que menos convenía a Benyam y Karim.

MÁS DURA SERÁ LA CAÍDA

La policía se encontraba con el mérito y el honor de haber capturado a unos polizones. Los pescadores… ellos ya sabrían qué es lo que obtenían a cambio. Esta vez el calabozo estaba fuera del puerto. Muy cerca de la entrada había algo parecido a casas, en realidad eran como cobertizos de una planta y una sola habitación. Habían salvado la vida, pero sus condiciones físicas estaban menos que en mínimos. Totalmente exhaustos ambos yacían tendidos en el sucio suelo sin fuerzas para moverse ni prácticamente para pensar, solo para llorar. A las puertas de la cárcel otra vez. Así, tumbados y desahuciados, pasaron las horas sin que nadie les atendiese ni les diera algo de comer o beber.

A los vigilantes del puerto en realidad les da lo mismo lo que haga cada uno allí dentro mientras no se les cuelen en un barco. Como si se mueren, les da absolutamente igual. El único que ponía interés en que aquello estuviera controlado era el representante francés de la autoridad portuaria. Pero allí lo único que importaba era que el khat llegara. La única motivación de los días era esperar las dosis para después echar la tarde mascando. En los calabozos que estaban fuera del recinto el control les importaba menos aún. De hecho, a veces dejaban la puerta abierta, de hecho, alguna de esas casas ni tenía puerta. En aquellos sitios eran soldados quienes hacían guardia. Su presencia y el agotamiento eran lo que recortaba las intenciones de escapar. Pero los soldados también vivían por y para el khat. Al mediodía siguiente, hora de llegada de las dosis, Benyam cayó en la cuenta de que su puerta no estaba cerrada. Es más, no tenía cerradura, así eran los calabozos aquellos, funcionaban como tales solo por la presencia de vigilancia. Asomó la nariz y vio dos soldados de espaldas a unos diez metros, mascando y hablando. Volvió al interior y se acercó a Karim. Estaba sentado en el suelo, con la mirada absorta y muy demacrado, atormentado.

—Karim —susurró a su oído.

—¿Qué? —respondió como quien despierta de un sueño asustado.

—¡Vámonos!

—¿Irnos? ¿Adónde?

—Fuera. Ahora no nos van a ver. Están todos colocados.

—Pero... ¿Y si nos cogen? —Karim todavía tenía la esperanza de que no se hubieran enterado en el restaurante donde trabajaba de su odisea. Total había pasado solo un día.

—¡Que no! ¿Prefieres jugártela y que les dé por enviarnos a la cárcel?

—Claro que no —Bajaba la voz para que no le oyeran.

—Pues sígueme —dijo Benyam imperativo.

—Pero es que... no sé.

—Bueno, haz lo que quieras, yo me voy —dijo haciendo ademán de levantarse.

—¡Espera! —Karim se quedó unos segundos pensando mientras le sujetaba del brazo. El color le estaba volviendo a la cara por unos instantes.

Ciegos de cansancio y depresión se lanzaron hacia fuera en una maniobra desesperada. Traspiés tras otro, Benyam tuvo la entereza de alejarse de aquella derrota hasta encontrar una sombra donde cobijarse de la solana que caía. Algunos, tres o cuatro, pudieron seguir su ejemplo. Al día siguiente Karim volvió a su trabajo poniendo una excusa. Como si no hubiera pasado nada. Pero sí que había pasado. No quiso plantearse otra vez escapar de esa manera. Él lo intentaría por lo legal. No lo consiguió.

Benyam ya sabe sobrevivir allí. Como si fuera un imán vuelve a colarse dentro del puerto. A esas alturas ya está integrado, cuenta con una especie de amigos que le están aceptando como uno más de aquel hábitat salvaje. Sabe hacerse con recursos vendiendo revistas o lo que sea. El tiempo sigue pasando sin que Benyam deje pasar de largo su objetivo. Se da cuenta de que muchos de los que están allí en realidad se han acostumbrado a esa forma de vivir y el khat ayuda a que así sea. Sí, el tiempo sigue pasando, con golpes de los oromo, ahora con algunos de Aseb también, con el hambre y la sed, el calor y la suciedad, con todo lo que ya conoce.

Los vigilantes siguen teniéndole por alguien inofensivo, a pesar de sus dos intentos, y esto le permite seguir recogiendo información. Continúa haciendo sus recados y sus trapicheos para conseguir algo de dinero. Al cabo de unas semanas lo vuelve a intentar. En esta ocasión el barco estaba amarrado a puerto. Y esta vez lo haría él solo.

De nuevo era de noche y se sumergía en el agua. Debía hacerlo justo por la parte más alejada de donde estaba el buque de carga, la más alejada de la vigilancia. Se deslizó nadando con suavidad y ocultándose de nuevo bajo el agua cada vez que el haz de luz proveniente de los focos pasaba por encima. Finalmente llegó a pies del buque, cuya envergadura real le impresionó igual que las anteriores veces. Tenía que subir al muelle para desde ahí trepar por uno de los cabos que lo mantenían sujeto al amarre y que medía unos quince metros en diagonal ascendente. Una vez en el muelle, escondió su pequeño cuerpo detrás del abultado montón de cuerda sobrante que quedaba enrollada en la cornamusa tras su amarre. Así estuvo varios minutos observando la existencia de algún movimiento sospechoso. Cuando estuvo seguro, comenzó a ascender por aquella cuerda lo más rápido que supo y que pudo. No era su especialidad subir la cuerda, además la subida era muy pronunciada y le costó mucho llegar hasta arriba. Pero el resultado fue bueno, se llevó alguna quemadura en las manos y pantorrillas, nada grave.

Ahora había que buscar un lugar seguro. Lo más lógico era ir al lado opuesto de la embarcación, en el que da al muelle maniobraría más personal a la hora de zarpar. Con todo el sigilo del mundo se desplazó hacia aquella parte, mirando a diestro y siniestro en la oscura noche. Había en el otro extremo una especie de puesto, cubierto apenas un metro por los laterales y frente, que servía para recoger cabos y alguna cosa más.

Agachado dentro de él, notó con los pies que algo metálico se movía en el suelo. Era una rejilla que tendría una longitud de metro y medio de largo por otro medio de ancho. Muy pequeño, pero para él podía ser un buen sitio para esconderse. El problema era que su profundidad no llegaba a los treinta centímetros. Con mucho cuidado se introdujo tumbándose en ese hueco y se tapó con la rejilla. Sobresalía de su posición un par de centímetros, pero decidió que era lo mejor, por lo menos lo único que se le ocurrió dadas las circunstancias. Allí pasó la noche, o las horas que quedaban hasta poco antes de amanecer, cuando la tripulación comenzó su faena. Benyam sujetaba la rejilla conteniendo la respiración si alguien pasaba cerca. Estuvo acertado en su razonamiento y por aquel lado poco se movieron las cosas.

Cuando el sol comenzó a levantarse la temperatura fue subiendo al unísono. Estaba allí, encajado y en tensión, bajo un sol de justicia que calentaba esa rejilla metálica como un demonio. Así pasó un entero y larguísimo día, con la boca seca y de nuevo el hambre castigando su estómago. Recogió algún buen susto cuando oía voces o pasos cercanos. Al llegar la noche y retirarse la tripulación, apartó con sus entumecidas y enrojecidas manos la tapa de su escondrijo. El silencio era total y cualquier pequeño ruido podía ser fatal. Se arrastró hacia arriba y quedó tumbado ojo avizor. Nadie. Se fue incorporando, dolorido y gacho, mientras andaba en busca de otro escondite.

No iba a aguantar más en aquel tórrido hueco y era sumamente arriesgado. Levantando la mirada vio una grúa que se elevaba unos veinte metros hasta su cabina de mando. Seguro que no la iban a utilizar hasta que llegaran a puerto. Ascendió con agilidad y dentro de ella se quedó. Durante el día comprobó que era un perfecto sitio, nadie le veía y él veía todo solo con asomar media cabeza por una de las ventanillas. Pero otro día más sin comer. El hambre era una compañera habitual con la que se enfrentaba a rabiar.

Al llegar la noche bajó a buscar algo de comida. No podía más. Descalzo para no dejar huellas, felino y desesperadamente hambriento, encontró la cocina con su olfato como mejor guía. Lo primero que vio fue un montón de huevos duros preparados en una bandeja. No resistió hincarles el diente y deglutió unos diez como si de un concurso se tratara. Luego cargó con todo lo que pudo, diversificando de una manera razonable para no dejar sospechas. A la salida reparó en el cartel de órdenes donde estaban clasificadas las tareas, con personal y horarios para cada una. Valiosa información que le sirvió para sus siguientes incursiones en los cinco días que transcurrieron. Y más valiosa aún por la noticia de que su destino era Italia ¡Europa!

Pero alguien sospechaba desde el primer día. Los cocineros filipinos lo contaban todo. Faltaban huevos. El recuento fue escrupuloso varios días. Conclusión, hicieron guardia. Uno de ellos pilló a Benyam en pleno acto de sabotaje, dándole un susto de muerte. Aparecieron varios y lo llevaron directo a una habitación. Los oficiales de aquel barco eran europeos y su trato fue correcto. Benyam había oído rumores sobre tripulaciones que no se lo pensaban dos veces y te tiraban al agua tal cual te encontraban. Luego ya se las apañaba uno, con su posibilidad de sobrevivir o de morir. Eso en el mejor de los casos, porque también le habían contado que te tiraban atado con cadenas para eliminar cualquier suerte de que nadie se enterara y de esa forma dañara su profesión o su bolsillo, o por una simple y llana crueldad. Benyam tuvo suerte y lo acomodaron en la habitación. Ahora por lo menos podía dormir en una cama y tenía comida con regularidad. El capitán lo visitaba de vez en cuando y hablaba con él. Hasta algún día se lo llevó a la sala de mandos. Le sorprendió su amabilidad y su atención. Incluso se interesó por enseñarle algo de inglés. Eso no tenía mala pinta. Igual tenía suerte y lo dejaban en Italia. Las posibilidades de ello aumentaban en su imaginación y la ilusión también. Todo el sufrimiento al final podría tener su recompensa.

Pero no. En Italia ni se lo pensaron. Ese polizón no iba a bajar del barco. Después de descargar se volvería por donde vino. Y eso significaba que volvía a África. Benyam había estado a punto de tocar el cielo y ahora caía en picado. Otra vez. En su habitación lloraba y lloraba. Por nada del mundo quería volver. Tenía arranques muy fuertes de nostalgia hacia su familia, hacia su madre, alternados con la impotencia y con el miedo a morir, o a sufrir. Pero no quería volver. Se enrabiaba como un niño, al fin y al cabo no hacía mucho que dejó de serlo, tenía arrebatos de ira infantil.

Había estado en el puerto de un país europeo sin conseguir bajar. Estaba muy desmoralizado y sentía una gran impotencia. Lo había tenido al alcance de sus pies, muy cerca. Había visto el puerto, la bandera italiana junto a la europea. Conocer las banderas era asignatura sin la que un polizón no podía hacer su carrera. En ese momento hubiera preferido no saberlo. Esa caída le había hecho mucho daño. Una vez se alejó de allí, el barco hizo varias paradas más. Intuyó que pretendían dejarlo en algún otro país, pero no fue así. Al menos tenía comida y ducha diaria. Por la noche le dejaban salir y compartir ratos con los demás. El capitán le cogió aprecio. Comenzó a chapurrear y a mejorar el básico inglés con que contaba.

Un buen día atracaron. Estaban en Tanzania. Era el único país que lo admitió. Uno de los pocos países a los que un buen polizón no quería llegar. De hecho, se lo puso como ejemplo a Karim. El país que lo acogía tenía una dotación especial por ello, unos seiscientos dólares. Con ellos había que sufragar todos los gastos que se pudieran ocasionar, comida, hotel, desplazamientos. Al polizón le daban cien dólares, pero en esta ocasión el capitán le dio otros cien a Benyam cuando se despidió con un "Buena suerte". Los escondió lo mejor que pudo y se lo llevaron a la agencia que gestionaba esos asuntos. Allí estaba, sentado en la silla de una oficina, delante de una gente que le hacía preguntas que no entendía. Él lloraba amargamente, desconsolado, como un niño. En Tanzania no había embajada de Etiopía y tuvo que esperar hasta que llegase desde Kenia el encargado para esos asuntos. Podía haberse sentido importante por todo el movimiento que se estaba gestionando por su culpa, pero todo lo contrario, en ningún momento le desvió toda esa parafernalia de su rabia. Ni siquiera la estupenda habitación del hostal donde lo ubicaron mientras llegaba su "laissez passer", permiso para entrar en Etiopía.

Cuando llegaron de la embajada, Benyam estaba otra vez en la maldita oficina oyendo la conversación que mantenían los responsables de ambos países. Se hablaban en inglés y ya entendía algo de todo eso. Él estaba enrocado en su rabia y solo pensaba en subirse otra vez al barco. En medio de la conversación le pareció oír decir "¡Leave him here, leave him here!" "Déjalo aquí". Eso desató un ataque de nervios en Benyam. Se puso a gritar pidiendo que le dejaran irse de allí. Como un animal rabioso se deshizo hasta a mordiscos de los que intentaron retenerlo y consiguió escapar. Salió corriendo del edificio en busca del puerto. Corría y corría. Al cabo de un rato percibió un coche a su lado. Era un taxi. El conductor le preguntó si necesitaba ayuda y Benyam entró sin pensarlo. "Si me llevas al puerto te doy cien dólares", era el dinero que le había dado el capitán. El taxista se le aparecía como un alma caritativa, no le cogió el dinero y le hizo subir. Durante el trayecto, Benyam, aun sin conocer la ciudad, comenzó a tener la sensación de que daban vueltas sin una dirección concreta. Y así fue hasta que llegaron otra vez a la Agencia Marítima. Habían enviado al taxista a buscarlo. ¡Mierda! Cuando llegó le recibieron con una buena paliza. Y Benyam terminó de nuevo en un rincón, llorando desconsoladamente.

EXTRAÑOS EN UN TREN

Hace casi un año que salió de Desse. Finalmente lo devolvieron a Etiopía desde Tanzania, amaneciendo en Addis Abeba. Estaba claro qué es lo que iba a hacer ahora. Volver a Djibouty, por supuesto. De la capital del país a Djibouty hay seiscientos ochenta kilómetros. Primero tenía que ir a Dere Dawa, segunda ciudad del país, que está a más de quinientos kilómetros de Addis Abeba. Desde allí, directo a cruzar la frontera. ¿Cómo? Ya lo verá cuando llegue. Tiene todavía el dinero que le ha dado el capitán, menos mal que el taxista no lo había cogido, y sube al tren que le va a llevar hacia su primer destino.

El viaje dura doce largas horas. Aquellos trenes son lo que son, dos filas de tres incómodas sillas de madera donde se apelotonan personas con todo tipo de equipajes, desde maletas hasta gallinas. Aun con ese ambiente, el viaje en tren puede ser para los románticos fuente de inspiración. Benyam ya es un romántico de su propia aventura y se abstrae de todo el jaleo. Hace un año que inició su odisea. A su edad, y a cualquiera, muchos no habrían aguantado, no habrían mantenido la esperanza con la intensidad que palpita en su corazón. La mirada traspasa con pasión la ventanilla del tren y en el horizonte se divisan las altas mesetas, que va dejando atrás conforme se aleja de Addis Abeba. Va en dirección a zonas mucho más calurosas, Djibouty es ardiente, denso, agobiante. Echa de menos el clima más templado de su ciudad natal. ¿Cómo estará su madre? A estas alturas todavía confía en que nadie le haya dicho adónde se fue, porque sin duda le contarían lo que allí se cocía. Pobre madre, pobre de él. Ella seguro que sufriendo como una condenada y él también. No quiere llamar hasta que no haya llegado a Europa, o América. Podría engañarla diciendo que ya está allí pero no se siente capaz.

Sí, hace casi un año y todavía está intentando llegar a Djibouty, es como un juego en el que siempre caes en la casilla que te lleva a la cárcel, pero esto de juego no tiene nada. En este tiempo Benyam ha madurado por lo menos cinco años. Ha visto los límites del ser humano en su faceta más cruel, ha vivido sus propios límites en lo físico y también en lo espiritual. Las dudas han llenado muchas horas durante este tiempo. Se ha planteado hasta el sentido de la existencia del hombre. Ya está a punto de cumplir quince años. Sus ojos han visto la negación de Dios y de todas sus verdades por el hombre, sus inocentes ojos han visto seres humanos actuar como animales salvajes, peor incluso. Cuán lejos quedan los mimos de su madre y los consejos de su padre. Le duelen las imágenes vistas y las heridas recibidas, le duele el hambre y la sed, el calor y la suciedad. De nuevo se dirige hacia todo eso.

Pero también lo largo de este tiempo ha visto crecer en él una fuerza especial que desconocía está siendo capaz de sobreponerse a todos los envites y recuperar la ilusión por conseguir su objetivo. Se visualiza a sí mismo consiguiéndolo y lo ve tan real que le llena de una energía limpia y vigorizante. Quiere conseguirlo y va a hacerlo. Llega a Dere Dawa. Luego autobús hasta la aduana etíope. Sin problemas, no le piden nada. Es a partir de ahí cuando debe ir otra vez en tren. Decide esconderse como pueda, hace falta un visado que no tiene.

Ni corto ni perezoso se mete debajo de un vagón del tren. Busca una forma de sujetarse. El viaje es de unos diez kilómetros y debe conseguir un mínimo de seguridad. Hay una combinación de hierros entrelazados formando algo parecido a una plataforma entre el piso del vagón y el suelo. Allí se encaja lo mejor que puede. El tren comienza la marcha y se agarra fuerte. Va tomando velocidad y el ruido aumenta de volumen. Tumbado hacia abajo ve cómo las piedras de la vía pierden su forma hasta crear un manto entre gris y blanco. Los hierros chirrían y los enganches chocan entre sí, produciendo puntas de sonido agudo que hieren los oídos de Benyam. Recibe un golpe de algo en la cara. Son las piedras que hay en medio de los raíles que saltan a gran velocidad. Cree que está sangrando. Cuando recibe el segundo golpe decide darse la vuelta y mirar hacia arriba. Pero así se sujeta peor. Resiste un tiempo, pero tiene que cambiar otra vez hacia abajo porque los golpes que recibe de los hierros en la espalda terminan por herirlo también. Se pone las manos tapándose la cara para no recibir en ella las pedradas, pero esa posición hace que no controle el resto de su cuerpo que se va hacia los lados y rebota produciéndole más golpes y heridas. Y el ruido, el ruido le resulta insoportable. Así consigue aquel recorrido, así llega a la aduana de Djibouty.

El tren para. Mira hacia un lado, a unos veinte metros hay una tienda. En la puerta de esa tienda hay un hombre sentado que lo mira. Benyam siente que le han descubierto y su mirada se vuelve suplicante. "¡No me delates!". El hombre le comienza a hacer gestos con la mano para que salga de allí. Benyam vacila, no sabe qué puede pretender. A lo mejor quiere engañarlo para entregarlo y que le den una recompensa. Al no hacerle caso, el hombre se levanta y se acerca hacia el tren mirando a ambos lados, disimulando. Si quisiera entregarlo ya lo habría hecho. Decide que se va a fiar de él. Cuando está al lado se inclina rápido y le dice. "¡Sal de ahí! Seguro que te cogen. Ven". Mira a ambos lados y dice "¡Ahora!". Benyam sale corriendo detrás de él hasta llegar a su tienda.

—Eres muy pequeño para estar haciendo estas cosas —le dice.

—Es igual —responde Benyam encogiendo los hombros.

—Bueno. Espera y te aviso cuándo debes subir. Entonces ya habrán revisado todo y podrás estar en el vagón.

—Gracias —dice Benyam intentando sacar una sonrisa después del esfuerzo realizado— ¿Tienes baño?

—Sí. Allí —señala con el dedo—, recto y a la izquierda.

—Muchas gracias. De verdad —Benyam se lava las manos y la cara. Un alivio para él. Se echa agua por la nuca también.

—Ven, sígueme, el tren sale ya —dice aquel hombre nada más salir Benyam.

—¿Cómo te llamas? —pregunta Benyam mientras sale detrás de él.

—Omar —contesta.

—Tengo un amigo que se llama así. Yo me llamo Benyam —dice susurrando.

—Súbete ahora —Sabe que lo más seguro es que no se vuelvan a ver.

—Bien. Ojalá nos volvamos a ver —dice leyendo su pensamiento.

—Amén —Omar está acostumbrado a conocer en ese sitio a mucha gente de la que jamás ha vuelto a saber nada.

Un ángel se le había aparecido. Si no hubiese sido por él seguro que lo hubieran pillado. Se queda con tantas ganas de darle las gracias que se siente mal. Se jura y perjura que, cuando vuelva rico a su país, irá a buscarlo para agradecérselo. Benyam echa de menos durante todo ese tiempo la amistad. Con Karim tuvo un inicio, era alguien de fiar y era un chaval responsable. Consiguió tener algo bastante aproximado pero sus vidas corrían por distintos senderos.

Sube a uno de los vagones. Está vacío de todo menos de gente. Son vagones pequeños en los que habitualmente van personas sentadas en el suelo, cabrán unas veinte. Vagones que son usados por personas que han pagado un importe menor, una especie de segunda o tercera clase. Nadie mira demasiado a nadie. Nadie quiere saber mucho del otro. Son en su gran mayoría djiboutianos y etíopes. Pero Benyam no ha pagado nada y se le nota. A él sí que le miran. No les gusta que se cuelen los que no han pagado. Esos van arriba, en los techos. Le miran y le preguntan: "¿Qué haces aquí? ¿Dónde vas? ¿Has pagado?" Benyam, en su inocente ignorancia responde la verdad y le fuerzan a salir de allí.

Sube al techo del vagón. Allí busca acomodo con dificultad. El tren ha cogido velocidad y hay que ir con cuidado. En la parte delantera del vagón hay un joven de su edad, sentado en el borde, mirando en la dirección del tren. Hay una necesidad instintiva, más propia de su edad, de tantear si pueden hacer un amigo. Entre tanto adulto y con tanta dureza alrededor es un intercambio energético aún más aliviador. Va envuelto en una sábana. Se sienta a su lado y entablan conversación:

—Hola —dice Benyam al cabo de unos segundos.

—Hola —contesta con cierta timidez.

—Yo soy Benyam —le dice mostrándole su primera sonrisa.

—Y yo Aarón —contesta con otra.

—¿Vas a Djibouty? —La pregunta tenía una respuesta obvia, el tren iba allí.

—Sí.

—¿Eres de allí?

—No, soy de Dere Dawa —Aarón se aprieta la sábana.

—¿A qué vas a Djibouty?

—A trabajar —El chico tendría la edad de Benyam, quizás algún año menos.

—¿En el puerto?

—No, en la ciudad. En el último año he conseguido algunos trabajos. ¿Y tú?

—Yo soy polizón —dice Benyam sacando pecho.

—¿Polizón?

—Sí, allí somos muchos. ¿No lo sabías?

—No... —De lo que pasa dentro del puerto se quiere saber poco en la ciudad.

—¿No? —pregunta sorprendido.

—No. ¿Y qué hacéis?

—Buscamos un barco para irnos a América.

—Algo había oído de esas cosas, pero no sabía que fuerais muchos.

—Uy, aquello es muy peligroso. ¿Sabes? —Vuelve Benyam a darse importancia— Allí por nada te pinchan con una navaja. Oye, aquí arriba hace mucho viento —El tren llevaba una velocidad ya considerable para ir de frente.

—Sí, por eso llevo la sábana. ¿Y tú crees que vale la pena arriesgarte a que te maten?

—No me van a matar —dice sacando toda la seguridad que puede. Ha pasado mucho miedo—. Llegaré a Europa, me haré rico y luego volveré.

—Estás muy convencido.

—Sí.

Pasan unos minutos y el viento es molesto hasta el punto de hacer daño. A Benyam le duelen con intensidad los dientes, un efecto sobre su rostro nuevo para él, le impresiona. No lo soporta y decide bajarse donde se unen los vagones mirando en dirección contraria a la del tren, en los enganches hay una superficie suficiente para estar sentado. Al cabo de un rato el tren para de un frenazo considerable que rompe el ensimismamiento de Benyam en sus pensamientos. La gente se apea, hay un desconcierto importante. Los que van arriba han desparecido con rapidez porque la policía del tren, que también ha salido para ver qué pasaba, les puede arrestar. Corriendo como gacelas se han ido a unos cien metros a un pequeño bosque. Parece que el tren ha estado a punto de descarrilar. Benyam oye gritos y se sube a uno de los vagones para ver mejor. Hay un grupo reducido que ha recogido a alguien del suelo. ¿Han atropellado a alguien? Sí, entre cuatro llevan a una persona. Se acerca donde él está. ¡Es el chico! La sangre es tan abundante que varios hilos gotean al suelo. Un escalofrío le recorre todo el cuerpo. El tren le ha cortado los brazos...

Benyam, presa del nerviosismo dice "¡Yo lo conozco, yo lo conozco!". La gente del vagón le hace callar. "Calla o te van a arrestar". Parece que el suceso ha hecho que se compadezcan de él y no le presionan esta vez para que deje el vagón. El hecho de que se haya quedado blanco del tremendo susto puede ayudar para ello. Se retira a una esquina y se apoya en la pared. Esa es la vida que le está tocando ver y vivir. Sus ojos se llenan de lágrimas. Tiene angustia y retortijones.

LA SOMBRA DE UNA DUDA

A esas alturas, Benyam ya está lo que se diría integrado, lo han aceptado como uno más de los candidatos a la libertad. Ha pasado por varios *raf* y varias veces por la cárcel. Ha visto tragedias solo imaginables para un "pudiente civilizado" cuando ha ido al cine. Ya gozaba de algo parecido a la amistad con algunos y hacía poco que había hecho buenas migas con Woldia. Su nombre auténtico era Daniel, Woldia el de su pueblo, también llamado Weldiya, en el norte de Etiopía. Tenía veintisiete años, mucho mayor que él, pero Benyam tiene ya carisma y tiene currículo. Hombre robusto y poderoso, porte recio, mirada directa y clara. Tenía mucha experiencia como polizón, era valiente y disciplinado, había sido soldado etíope. Todos los que han sido soldados no lo han sido solo de nombre. Las guerras de Etiopía con sus vecinos, sobre todo con Eritrea, han sido continuadas en los últimos treinta años.

Woldia le prometió que le avisaría la próxima vez que decidiera escapar. Y ese día llegó con la forma de un gran barco de color rojo. No tenía pinta de venir de Europa pero

Woldia intuía que debían subir a ese. Benyam se sentía seguro a su lado y su determinación le convenció. Estaba en altamar, pero no tan lejos como el de la maldita experiencia anterior. Nadaron hasta él y subieron por las gruesas cadenas de anclaje. Los barcos tienen dos tipos de recogedores de anclajes. Uno recoge con un rodillo situado en el exterior y otro va depositando la gruesa y larga cadena en un cuartito habilitado para ello. El segundo es el caso del Kenia Star, así se llamaba el barco. En ese cuartito se escondieron en primera instancia, pero no debían permanecer mucho tiempo ahí. Más de un ignorante ha muerto aplastado al desconocer que la enorme cadena iba a ocupar todo el espacio disponible. Rápidamente Woldia y Benyam buscaron un escondite más seguro.

Estos barcos son como un pequeño pueblo y si no lo conoces te puedes perder. Toman un punto de referencia y se dirigen hacia el centro. Se escondieron e iniciaron la táctica de rigor. Encontraron el cartel con los horarios de trabajo y se turnaron para salir a buscar comida. Pasan dos días, el barco zarpa. El viaje estaba resultando tranquilo, durante los cuatro días que llevaban navegando iban por los pasillos como si fueran uno más de la tripulación, casi como invitados. Salían a cubierta y tomaban el aire. Fue en esos paseos cuando Benyam tuvo una extraña sensación, Woldia podía querer empujarle para que cayera al mar. No tenía ningún motivo especial para pensar eso. Fue sencillamente una sensación, una impresión. A veces se quedaba detrás de él y Benyam notaba su sombra cargada de malas intenciones. Podía ser que hubiera cambiado de opinión y pensara que había menos riesgo de que lo descubrieran si iba solo. O podía ser que Benyam se estuviera volviendo algo paranoico. Esa sensación la tuvo más de una vez.

Un día la confianza les jugó una mala pasada. Por la noche, cuando hacían el recorrido habitual en busca de comida, alguien abrió inesperadamente una puerta. No tuvieron más remedio que esconderse en el primer hueco que encontraron, una pequeña habitación para guardar las herramientas. Se metieron debajo del único sitio disponible, debajo de las estanterías. Aquello era un amasijo de herramientas que habían ido depositando sin ningún orden, era un baño de grasa y de una suciedad de siglos. Estaban encajonados entre todo aquello sin moverse lo más mínimo para no alertar con algún ruido.

En esa posición y en ese sitio pasan casi un día entero, lo que tarda el barco para atracar en puerto. Alguien ha entrado a esa habitación varias veces, pero no los han visto. Se escucha un gran movimiento de la tripulación filipina. Deciden asomar la nariz para ver qué pasa. No ven nada. Asoman la cabeza y… grave error. Uno de los marineros pasa por ahí justo en ese momento. Monta un escándalo, gritando: "¡Polizones, polizones!". Llegan más con barras de hierro obligándoles a salir. Se les echan encima, les sujetan con fuerza y a empujones los encierran en otro cuarto. Se ha montado la de dios. Encerrados, abrumados y decepcionados, esperan su destino. Llega al puerto una armada de coches militares. Parece mentira que ellos solos hayan podido causar todo ese número. Están asustados mirando todo eso por la ventana. Es Israel, el puerto de Elat. Entran dos personas que se ponen a hacerles fotos como si fueran presos. De repente se abre la puerta con violencia y dos soldados armados hasta los dientes comienzan a interrogarles.

—¿De dónde venís? —preguntan con tono intimidatorio.

—De Djibouty —contestan al unísono.

—¿Y para qué habéis venido?

—Somos polizones. Solo buscamos una vida mejor —habla Woldia asumiendo la responsabilidad, no fuera que Benyam dijera algo inconveniente.

—¡Ya, ya! ¿Y de dónde sois?

—De Etiopía —dice Benyam a quien apenas le sale la voz.

Una palabra mágica había salido de su boca. En ese instante bajan las armas y dejan de interrogarles. Parecen más serenos. El tono de la conversación cambia radicalmente.

—Pero bueno... —dice uno de ellos—, etíopes. Os habéis metido en un buen lío.

—Sí... —dicen los dos con una nerviosa sonrisa de alivio. Parecía que en cualquier momento iban a dispararles.

—¿Cómo os llamáis? —preguntó el otro que había dejado el rifle apoyado en el suelo.

—Daniel —contesta Woldia que dice su auténtico nombre—. He sido soldado —continuó queriendo compadrear.

—Yo Benyam —Benjamín es un nombre con mucha tradición en Israel y piensa que le conviene decirlo.

—¿Y de qué ciudad sois?

—Weldiya y Desse —contestan respectivamente.

—Vaya, vaya —Seguían cada vez más relajados— ¿Lleváis mucho tiempo intentando esto? Tú eres un niño —Se dirigían a Benyam—. Deberías estar con tus padres.

—Mi padre murió —contesta sin nombrar a su madre buscando más compasión, todavía le temblaban las piernas.

—¿Sabíais que este barco venía a Israel? —A aquella tierra no van muchos polizones.

—La verdad es que no —dijo Woldia que tenía los nervios más templados.

—Bueno, vamos a ver qué podemos hacer por vosotros —dijo uno de ellos mientras el otro asentía.

—No sabéis cómo os lo agradecemos —respondió Woldia que había adoptado su habitual porte recio, militar.

—Muchas gracias —dijo también Benyam.

—Suerte —dijeron despidiéndose.

Ese fue otro de los momentos en los que Benyam fortalecía su fe en Dios. Al ver llegar la tripulación con barras de hierro estaba convencido de que los iban a matar. Más tarde, cuando entraron los soldados apuntándoles con sus rifles rezó lo más rápido que supo por si acaso era la última vez. Sin embargo, la ayuda divina le llegaba de nuevo a través de dos militares que al oír el nombre de su país cambiaban radicalmente de actitud. Fue la vez que más orgulloso se sentía de ser etíope y africano. Pero además de la intervención de Dios había una explicación lógica para todo eso. Etiopía tiene una estrecha ligazón con Israel a través de la historia. De hecho, en Israel hay más de cincuenta mil etíopes judíos, siendo famosas algunas operaciones para rescatar del hambre a los falasahas, judíos etíopes, y llevarlos a tierras de Israel (1984 Operación Moisés). Sin embargo, en la misma Etiopía a los judíos que allí viven se les tiene cierto reparo, recelo, incluso temor, se dice que son poseedores de conocimientos de alta magia.

Suele pasar. La mayoría de los milagros, grandes o pequeños, tienen también una explicación racional. Es la coincidencia de esas explicaciones lógicas justo en unos momentos determinados las que llevan a que se consideren esos hechos desde simplemente afortunados a extraordinarios. Pero ¿por qué esas coincidencias? Puede que fuera el gran filósofo Karl Gustav Jung la primera autoridad que se atreviera a hablar de las "coincidencias significativas", provocando a la ciencia y a la psiquiatría más ortodoxa, que consideraba estas hipótesis de trabajo como propias de supersticiones. Llegó a barajar la posibilidad de que la psique humana pueda actuar sobre la realidad externa para "causar" las coincidencias. Una variación de la teoría física de la causalidad que le llevó a elaborar el concepto de sincronicidad. Muchas personas viven hechos llamados "coincidencias significativas" y no se atreven a expresar lo que sienten por si son tachados de crédulos o supersticiosos, pero no por eso dejan de ser experiencias vividas como algo más que una mera casualidad. Cada vez más personas viven esta creencia, que está directamente relacionada con el lenguaje de las señales y con el que "todo pasa por algo". Y se vive sin el yugo de las iglesias ni de sus amenazas de infierno si no cumples sus preceptos. Se vive con el convencimiento de que la realidad es mucho más de lo que perciben nuestros cinco sentidos, mucho más. Que la relación espacio tiempo puede ser muy distinta de la que conocíamos, que pueden existir universos paralelos que se cruzan en algún momento. No, no son supersticiones, son conceptos con los que la ciencia, la física cuántica, ya trabaja.

A la mañana siguiente les sacaron del cuarto, les dieron ropa y comida, les hicieron ducharse. En Benyam entró el pensamiento de que quizás Israel era un buen sitio para vivir. Allí se movía mucho dinero, es un país con mucho poder en el mundo. Quizá les estaban haciendo ducharse para entrar limpios en Tierra Santa. ¿Por qué no? Los soldados les habían dicho que iban a ayudarles. Estarían preparando su acogimiento como deportados o como inmigrantes. A lo mejor ya había llegado a su destino. Benyam divisaba la idea, tenía indicios razonables, tenía la ilusión de un final bueno, casi cinematográfico. Los pasaron a un cuarto con dos camas, dos soldados en la puerta, y esperaron.

Esperaron y esperaron sin noticia alguna. Cuando ya eran muchas las horas transcurridas preguntaron a alguno de la tripulación que se dejó ver por ahí. Delante de los soldados nadie soltaba prenda. La seguridad y disciplina militar israelí es muy alta, impone respeto. Aun así, la actitud de los dos soldados que les vigilaban era parecida a los que entraron la primera vez. Se dirigieron pocas veces a ellos, pero cuando lo hicieron les dieron ánimos y apoyo. Pasó todo un día de esta forma, sin ninguna novedad, esperando. Esa sensación de esperar sin poder hacer nada era una de las más agobiantes que Benyam estaba teniendo durante todo este tiempo. En el puerto de Djibouty las horas pasaban, los días pasaban, las semanas pasaban. Y no había nada práctico ni útil que hacer. Era pura y absoluta desidia. Algo que para una persona activa e inquieta como él suponía todo un reto, o todo un castigo. Pasó otro día más sin noticia alguna. Benyam comenzaba a preocuparse pero, al fin y al cabo, estos trámites son enrevesados, la diplomacia tiene que intervenir entre los países. Y pasó un tercer día desesperante.

Al cuarto día el barco zarpó del puerto de Elat. Con ellos a bordo. Dios manejaba los ánimos de Benyam a su antojo. Mantener la fe no es fácil, nunca lo fue. Pero sus designios son inescrutables y nunca tendremos la certeza total de cómo funcionan los planes divinos, cómo conspira el universo para dar forma a nuestros sueños y deseos cuando estos son puros.

EL HOMBRE QUE SABÍA DEMASIADO

El Kenya Star navegaba rumbo a Kenya. La resignación no es una palabra que vaya con el carácter de Benyam, pero hay que adaptarse a las circunstancias cuando son inapelables, si uno quiere cambiarlas desde dentro. Al principio la tripulación filipina recelaba de ellos, les molestaba su presencia. Los botes salvavidas estaban muy justos y las plazas tenían asignadas hasta el nombre del ocupante. Nunca se sabe qué puede pasar ni cuándo los van a necesitar. El carácter afable de Benyam y la seriedad de Woldia fue haciendo efecto, en poco tiempo se ganaron su confianza. A partir de entonces el viaje se convirtió en unas verdaderas vacaciones. La confianza hizo que afloraran las cualidades de los trabajadores filipinos. Comían juntos, charlaban, jugaban al ping pong, todo un lujo. Siete reparadores días de viaje hasta Kenia que sirvieron para recuperarse de la decepción sufrida y del desgaste físico.

En Kenia los llevaron directamente a la Agencia, la misma que estuvo en Tanzania. Y de ahí, disparados al calabozo. Horrible calabozo, quizás no tanto como el de Djibouty, pero horrible también. ¡Qué contraste más brutal! Pasar de un día para otro del lujo a la podredumbre era otra lección. Una enseñanza para aprender sobre la inconsistencia de lo material. Toda la lucha y todo el trabajo que una persona esté realizando a lo largo del tiempo que sea, para conseguir una buena posición social, de un día para otro se puede venir abajo por cualquier circunstancia inesperada. Le pasó con su padre, con su familia, una vida razonablemente cómoda cambió radicalmente hacia la tragedia. Sin embargo, cuando uno cultiva sentimientos positivos siempre cosechará riqueza espiritual, esa riqueza nadie te la puede quitar. El banco donde se guarda ese tesoro no está sujeto a los vaivenes de este mundo. Podrás tener crisis existenciales que te hagan dudar de todo, sin embargo, esa tierra necesitará muy poca agua para volver a dar su fruto.

En el calabozo estuvieron tres largos días y tres eternas noches, comiendo una vez al día una pasta hecha a base de harina de maíz y agua. Tenía un sabor asqueroso, pero no había otra cosa y había que comer. Cuando salieron fueron de nuevo a la Agencia. Allí Benyam se encontró con el mismo representante que lo atendió en Tanzania.

—¡Pero otra vez tú! —exclamó al verlo.

—Sí... —Benyam mostraba su timidez.

—Pero hijo —Su tono era fraternal y protector— ¿Sabes que te estás jugando la vida?

—Sí... —Seguía encogiéndose de hombros. No quería hablar porque tampoco sabía qué era lo que debía decir para mejorar su situación. Apelaba a su condición de niño, que en meses quedaba rápidamente atrás.

—¿Crees en Dios? —Como buen etíope aquel hombre era muy cristiano.

—Claro —contestó esta vez totalmente seguro de lo que decía y quería decir.

—Pues Dios no desea que hagas estas cosas. Él quiere que seas feliz con tu familia. Seguro que ellos te necesitan. ¿Dónde están tus padres?

—Mi padre murió —Benyam seguía viviendo el trauma de su muerte, pero también sabía utilizarlo para dar lástima.

—Pobre... ¿Y tu madre?

—En casa —La tensión de su tragedia mantenida en el tiempo y el recuerdo de su madre provocaban que sus lágrimas asomasen.

—Seguro que te echa mucho de menos —Quería conseguir la reconversión de aquél chiquillo y hurgaba en el sentimiento—. Dios es también tu padre y él no te abandonará nunca, pero le pones las cosas muy difíciles con esta manía tuya de huir.

—Ya...

—Debes reconsiderar lo que haces. Debes ir a tu casa, con los tuyos, ser un buen siervo de Dios. Tu madre te lo agradecerá eternamente. ¿Tienes hermanos?

—Sí, dos más pequeños...

—¿Ves? Ellos también necesitan tu apoyo. Eres un chico muy valiente, pero debes utilizar tu valor para hacer el bien a tu familia.

—Ya... —Benyam respondía con monosílabos. La pena que tenía no modificaba en absoluto su decisión. Él iría a Europa o América.

—Bien —Terminó convencido de que había llegado a su corazón—. Ahora os llevarán a Addis Abeba —dijo mirando de reojo a Waldia, con quien tenía claro que no valía la pena ninguna de sus disertaciones—. Aquí tenéis los cien dólares que os corresponde. Úsalos bien y vuelve a casa.

—Bien... —Benyam solo deseaba salir de allí. Había construido un fuerte caparazón sobre su nostalgia.

En Addis Abeba usaron bien los cien dólares que les correspondían por la deportación. Vivieron a sus anchas durante diez días, disfrutando de una libertad de la buena. Otra vez los contrastes. Pero llega la hora de volver al puerto. Y Woldia sabe lo que hay que hacer para llegar con el tren, sin correr riesgos innecesarios como hizo Benyam la vez anterior. Woldia le explica la táctica, no hace falta gastarse dinero en un autobús hasta la aduana. Mejor ir en tren desde el principio.

En la salida de la estación de Dere Dawa cruza una carretera. Ahí la velocidad es lenta, ha habido accidentes mortales y la precaución es obligada. Grupos de personas esperan al tren que va cargado, entre otros, con tanques de gasolina vacíos. A unos cien metros a la izquierda hay un cuartel de soldados. Cuando llega un tren la gente se activa, se levanta inquieta, llevan bolsas de plástico en sus manos. Benyam observa. Comienzan las carreras de los especialistas que, con una agilidad y velocidad asombrosas corren paralelos a los depósitos hasta engancharse a ellos. Abren los tapones de los tanques, saben que los restos de gasolina que quedan van a llenar sus bolsas y sin derramar una gota. Con una compenetración de vértigo se apoyan entre ellos para lograr subir a otro. En un minuto han recogido entre varios siete u ocho. Benyam ha visto que no es fácil tener la velocidad necesaria para engancharse y subir. Esas personas son grandes atletas en potencia, como algunos llegan a demostrar en las competiciones a lo largo del mundo. Pero deberá intentarlo.

Woldia le ha explicado antes cómo funcionan los enganches entre los vagones. Hay una palanca en todas las conexiones, si la estiras hacia delante lo separas. Si uno de los dos no consiguiera subir, el otro debe desenganchar un vagón para forzar al tren a parar. En ese tiempo de maniobra para volver a unir el vagón descolgado hay que permanecer escondido para, una vez vuelva a arrancar, subirse aprovechando la baja velocidad. Llega su turno, llega otro tren. Tras la señal de salida, Benyam corre detrás de Woldia.

Hay que subir pasada la mitad del tren, en los furgones de carga o de combustible. Woldia logra subir con facilidad.

El ritmo en propia piel es todavía más rápido del que había previsto. A Benyam le cuesta llegar a la velocidad necesaria para engancharse y le cuesta también elegir a qué vagón subirse. La gente que merodea esos alrededores mira la escena. Es pequeñito y delgado, muchos dudan que lo pueda conseguir. Por fin llega a un asa con su mano derecha pero las piernas no mandan sobre el movimiento, le estira demasiado el tren. Cuando siente como si le fueran a desgarrar el brazo ve cómo se acerca a una fila de viguetas de hierro para la construcción, puestas en vertical junto a la vía para evitar este tipo de acciones. La gente se echa las manos a la cabeza viendo como Benyam está a punto de estrellarse contra ellas. En el último instante se suelta y cae rodando. Termina con heridas por todo el cuerpo y con la mano derecha hirviendo. No ha podido ser. Se queda esperando que Woldia desenganche el vagón. Pero ningún vagón se descuelga. "¡Woldia!" Grita Benyam en silencio. Pero el tren se aleja igual que se aleja toda esperanza de pensar que se habían hecho amigos. Igual tiene una excusa para ello. Pero no, Woldia sabe muy bien lo que hace, es todo un veterano. Estirar de una palanca no debe ser tan difícil. Recuerda ahora las sospechas que tuvo cuando iban en el barco y el aliento de traición que percibía de Woldia. Benyam se queda viendo con decepción cómo el tren se empequeñece desde la posición que había buscado para lanzar su nuevo abordaje. Las experiencias personales desde su llegada a Djibouty están creando un poso de desconfianza que deberá reconducir. Allí los personajes no tienen compasión ni miramiento alguno. Sin embargo, entre toda esa maleza de crueldad deben existir recovecos en algunos corazones donde aniden valores morales. Cuando tenemos experiencias fuertes en la vida se imprimen en nuestro ADN. Deshacernos de sus huellas es una tarea que puede durar años, más o menos tiempo en función de nuestra humildad para reconocerlo y del trabajo que hagamos para limpiarlo. Otras veces no son experiencias traumáticas sino vivencias diarias prolongadas en el tiempo, formas de vivir o de pensamiento, ambientes frecuentados, amistades y relaciones en el trabajo, en la calle, en casa. De una forma inconsciente se van constituyendo en parte de nuestro carácter.

No tiene más remedio que esperar al siguiente. Ya le han advertido que los soldados le veían, que debe correr por el otro lado, así conseguirá que el mismo tren le oculte a su paso. Esta vez ya sabe de lo que va, toma toda la tensión, la fuerza y la concentración máxima de la que es capaz. Acelera y esta vez le da más importancia a coger velocidad que a elegir vagón. Cuando la tiene, enfoca en el asidero elegido y de un salto alcanza su objetivo. Ya está a bordo. Ya está más cerca de Djibouty.

Ahora toca cruzar la frontera. El puesto está muy controlado. Durante el recorrido revive la tragedia del chico aquel. Su imagen en la camilla sin brazos le golpea duramente. Pero ahora está en lo que está. Woldia le había dicho qué hacer. Hay que bajarse antes y dar un rodeo lo suficientemente alejado para no ser visto. Es una carrera de unos siete kilómetros. Benyam salta cuando el tren se acerca a la aduana aprovechando que comienza a reducir la velocidad. Al hacerlo se sorprende al ver la cantidad de gente que hace lo mismo. Pero sobre todo se ve sorprendido por la aparición de soldados que, sabedores de todo, han bajado del tren para dar caza a los que pretenden infringir la ley. Pero además es que lo están haciendo a tiro limpio. El sonido de los disparos le hiela la sangre y eriza el joven vello de su piel. En un primer instinto busca refugio entre los matorrales. En un segundo paso, imita lo que ve y echa a correr.

Ya se ha alejado lo suficiente del tiroteo y procura centrarse en su reto. Tiene que hacer media circunferencia. Hace un sol de espanto y sus condiciones físicas no están muy entonadas, pero corre lo mejor que puede. Ve cómo alguna gente ha tomado la delantera con una velocidad digna de gacelas. Él debe regular el esfuerzo, hay que mantener un buen ritmo para llegar a tiempo sin desfallecer por el camino. A lo lejos ve cómo el tren va haciendo su recorrido mientras él no tiene más remedio que alejarse para no ser controlado. La tensión sube por la duda. Acelera por si acaso no le da tiempo, pero la respiración y las piernas le obligan a reducir. Está en la distancia máxima en su recorrido y el tren está parado justo en la aduana. Comienza a recortar hacia la vía. El tren todavía está parado. Sigue, pero la respiración ya no es disciplinada. Hay piedras en el camino, valga la redundancia. Cuando el tren avisa de su salida, a Benyam le queda más o menos un kilómetro para llegar. Reza porque vaya lo más lento posible mientras él aumenta el ritmo al mismo son que su inseguridad. No tiene más remedio que acelerar y como resultado también a jadear descompasadamente. Se percata de que a unos cien metros le sigue un grupo de personas corriendo y le ha inquietado. ¿Le buscarán a él? ¿O también querrán coger el tren? Pronto le pasan. Cuando está a unos quinientos metros el tren parece tomar velocidad. Aprieta todo lo que puede, está en límites y su expresión ya es la de corredor de fondo que se aproxima a la meta sin aliento, moviendo la cabeza de lado a lado con un gesto de dolor. Ve cómo alguno de los que van delante consigue subir al tren. No va a llegar. A lo mejor sí... A cincuenta metros ya sabe que no. El tren vuela ligero. Va a ser imposible. Definitivamente es imposible.

Para desbaratado y cae en redondo con unos exagerados espasmos respiratorios. La boca totalmente abierta y tumbado hacia arriba con las manos en cruz. El instinto le hace incorporarse. No es bueno para el cuerpo permanecer así después de un sobreesfuerzo como ese. Las lágrimas comienzan a brotar y la pena a aumentar. Lágrimas de rabia, de pena, de agotamiento. El desconsuelo cae sobre él.

Algunos hombres también han llegado agotados, pero se recuperan antes. Después de recoger fuelle se dirigen a él.

—¿Qué haces chico? —pregunta uno de ellos.

—Quería subir al tren —dice Benyam con dudas sobre sus intenciones.

—Pues no has podido. Jajaja —Parece que a ellos no les importa.

—¿Sabéis cuándo pasa el siguiente?

—Hasta mañana nada —responde otro. Son cinco.

—¿Hasta mañana? —pregunta con gran sorpresa.

—Sí hombre. No pasa nada. Aquí se duerme muy bien.

—¿Aquí? —pregunta Benyam con un nudo en la garganta. Alrededor todo es casi desierto. La vista no alcanza a ver ningún signo de vida, ni humana, ni animal, ni vegetal.

—Uuuy. Este chico es muy sensible. ¿Eh, Hassa? —le dice a otro dándole un codazo con aire de burla.

—Yo soy polizón —Se atreve a decir para resaltar su hombría y con un poco de rabia.

—Vaya, vaya... un polizón —dice el más fuerte de ellos acercando su cara a la de Benyam—. ¡Eres un "pringao" de esos! Jajaja.

—Hay que ser valiente para hacerlo —reclama.

—Hay que ser tonto —dice uno de ellos—. Conozco muchos como tú. Llevan años en Djibouty y morirán antes de salir del puerto.

—Yo sí que me iré. Y volveré rico —dice Benyam a quien el pesar sigue haciendo efecto y le tiemblan los labios.

—No hace falta salir de aquí para ganar mucho dinero. Mira —Le enseñan una bolsa llena de khat.

—Eso solo sirve para destrozarte la vida.

—A mí no. Jajaja —Ríe mirando a sus compañeros—. Hay que ser más listo, niño. Yo esta mierda no la tomo.

—Pero destrozas a lo demás.

—¡Mira este! ¿Nos vas a dar lecciones, santito? —habla uno que estaba callado todo el tiempo. Por lo visto es algo agresivo porque otro le ha sujetado mientras hablaba.

—Yo solo quiero ir a Djibouty —recula Benyam separándose de ellos por si acaso se complica la cosa.

Llegó la noche. Benyam está a unos metros de ellos, apoyado en una roca. Sentado en el suelo apoya su cara en los brazos, que a su vez reposan sobre las rodillas. Ha pasado doce horas bajo un sol ardiente, esperando el nuevo tren que no llegaría hasta la tarde del día siguiente. Son horas bajas, tristes. Echaba de menos la protección de sus padres, su compañía. Se arrepentía de todo lo que estaba haciendo, del abandono de su familia, de esa huida constante y de ese sufrimiento continuo. En su tierra tenía de todo y lo había despreciado, ahora sí que lo valoraba. Triste y solo,

127

siempre con recelo y desconfianza hacia los que con él se cruzaban. Ya nunca más podría confiar en nadie. Sollozaba. El sollozo alimentaba su pena, tenía mucha pena de sí mismo. Y la pena se convirtió en un llanto desconsolado, cual niño que era hacía tan poco. Los hombres oyen los lloros y Benyam escucha cómo le gritan: "Mira ese llorón. ¡Si está llorando!". Uno le decía: "¡Déjalo estar, rojito! ¡Esto no es para ti!". Otro le dice: "¡Mañana viene un tren hacia Etiopía. Mejor que te vuelvas!". Otro se reía: "¡Eres un blando, chico! Jajaja".

El cielo está inmenso, las estrellas lo salpican con densidad. En otra ocasión sería digno de admirar, pero Benyam levanta la cabeza y no ve las estrellas. Todo está borroso por las lágrimas. Otra vez se ve desbordado por las desgracias. Llamaba a su padre con toda su alma, desde lo más hondo de su corazón. "Padre, ayúdame, te necesito, por favor, ayúdame..." Por un momento le pareció tenerlo delante. Y oye en su mente una frase del poeta libanés Rabindranath Tagore, que alguien le regaló días antes de salir en pos de su aventura: "Si lloras porque no ves el sol, las lágrimas no te dejarán ver las estrellas".

REBELDE SIN CAUSA

Al día siguiente el tren llegó según lo previsto. Benyam había tenido tiempo para reflexionar, había tenido tiempo para retomar las fuerzas y la voluntad necesarias. Su objetivo era Europa o América y nada ni nadie se lo iba a impedir. El tren llegó a su destino. A Djibouty.

Allí se encontró con que la gente había estado convencida de su muerte, tanto de Benyam como de Woldia, hasta el día anterior, cuando este último llegó al puerto. El ejército alemán, cerca del puerto hay un espacio reservado para los ejércitos occidentales que defienden sus embarcaciones de los piratas, había recogido dos cadáveres del agua justo la noche en que se fueron. Todos interpretaron que eran ellos dos. A partir de entonces, Woldia y Benyam se relacionaron como si nunca hubieran estado juntos antes, se ignoraron mutuamente. A partir de entonces Benyam tenía claro que el próximo intento lo haría solo, no quería sabios amigos ni lastres inexpertos.

Y el próximo intento llegó, no sabría decir cuántas semanas o meses después, pero llegó. El más grande de todos los barcos que había visto jamás estaba atracado en el puerto. Era realmente espectacular, era tan grande que, mientras todos los demás amarraban de lado, este lo hacía de popa. Y por ahí es por donde salía la carga que traía. Coches, muchos coches había en su interior. Por lo visto era como una ciudad en tamaño comprimido, disponía de bares, pistas de tenis, por supuesto piscinas...

Para sacar toda la carga contrataban taxistas y conductores. El taxi era una furgoneta que portaba a los conductores que llevarían uno a uno los coches al lugar previsto para ellos dentro del puerto, pero bastante lejos del barco. Luego iba de nuevo a por los conductores una vez habían dejado el vehículo para volverlos a llevar, y así sucesivamente hasta descargarlos todos. Benyam conocía a uno de los taxistas lo suficiente como para que hiciera la vista gorda cuando se introdujo en el taxi como un conductor más. Se puso una gorra con ala grande para tapar su cara y se metió en la furgoneta. No llamaba la atención su pequeño cuerpo porque la mayoría de los conductores, y en general los que trabajan en Djibouty, son somalíes de constitución muy parecida, pequeños y malnutridos, básicamente de físico enclenque. De esta forma entró en el barco.

Aprovechando el tumulto y el ajetreo se deslizó debajo de una camioneta pequeña. La verdad es que no tenía ni idea si era de las que iban a descargar o no. Pero ahí se metió, asumiendo todo el riesgo. Así estaba siendo cada vez que lo intentaba, había que arriesgar. Si no apuestas no ganas. En esta ocasión el peligro estaba claro, que arrancara la camioneta y no le diera tiempo a salir, algo difícil porque lo normal es que se diera cuenta si subía alguien para ponerla en marcha. De cualquier modo, la tensión era muy alta, si le tocaba salir le enviarían a la cárcel y allí ya se sabía. La última noticia que corrió fue que le habían sacado los ojos a uno, literalmente.

Descargaron todos los vehículos a excepción de cuatro. La furgoneta bajo la que se encontraba Benyam fue uno de ellos. Un nuevo milagro, una nueva señal entre el enjambre de desgracias durante esos meses de su vida. Algo a lo que asirse en su recién descubierta realidad, su fuerza de voluntad. Pasó el tiempo necesario para confirmar que los trabajos de descarga habían finalizado y en cuanto vio la oportunidad salió y se metió dentro de la furgoneta. Estar orientado hacia el interior del barco le permitía ver si alguien se acercaba. El barco no tardó mucho en zarpar, dentro de la medida del tiempo a la que se había acostumbrado. Para muchos estar horas ahí encerrado con la incertidumbre sobre lo que va a pasar el minuto siguiente sería una tremenda prueba de resistencia para su ansiedad.

El viaje comenzó. Durante el día estaba metido en su vehículo, asomando de vez en cuando la nariz por encima del volante. Por la noche salía a pasear por ese maravilloso espacio lleno de lujo. Estiraba las piernas atrofiadas por las horas en incómodas posiciones, exploraba las estancias en busca de comida y de novedades para sus sentidos. Había que ir con cuidado de no perderse, aquel barco era enorme. En realidad, en todos los barcos había que asegurarse de alguna manera cómo volver al lugar de partida. Benyam dejaba una marca en las puertas en lugar de "garbancitos" en el suelo. Así pasaron dos o tres días en los que disfrutó con nocturnidad de su estancia, durante el día, evidentemente, había que estar escondido. En esa ciudad flotante se paseaba por la noche como por un centro comercial, con ese cosquilleo del riesgo, con ese cuidado por no dejar aviso alguno de sus recorridos. Se permitía tumbarse en una hamaca junto a la piscina y mirar el cielo estrellado. Se permitía entrar en el bar para tomarse algún refresco. Un punto de atrevimiento para, dentro de la precaución, refrescar la mente después de un día entero metido en la furgoneta.

Pero algún maldito error hizo que, de alguna forma, se dieran cuenta de que en el barco había una visita no autorizada. Una noche, al salir a su paseo habitual, notó algo raro en la superficie donde pisaba. ¡Habían fregado el suelo con gasoil! Las marcas de sus pisadas resaltaban escandalosamente en la noche sobre el suelo color verde. Benyam se quedó paralizado y el corazón se aceleró hasta notar los latidos en las sienes. Había que limpiar las pisadas como fuera. Buscó trapos mientras veía cómo nuevas pisadas emergían provocadoras. Limpiaría las pisadas haciendo marcha atrás. Pero al pasar el trapo quedaban los trazos muy resaltados. Cuanto más fregaba el desastre era mayor. Los latidos se habían convertido en taquicardia y la impotencia en desesperación. Derrotado después de haber intentado todo lo que sabía, volvió apesadumbrado a la camioneta.

Sabía a ciencia cierta que a la mañana siguiente lo capturarían. Los minutos pasaban lentos, muy lentos. Tenía que hacer algo, no se podía quedar sin hacer nada esperando lo que ya sabía. Se quitó los zapatos y fue en busca de otro milagro. Después de dar vueltas con el sistema cardíaco en límites, se asomó por la borda en el lugar donde se encontraban los botes salvavidas. Eran unos botes enormes y lujosos, parecían autobuses sin techo. Eligió uno, igual podía desengancharlo y huir con él. Estaba suspendido en el aire, con la proa boca abajo en una inclinación de vértigo. Se subió con mucho esfuerzo y, sobre todo, con mucho cuidado porque un movimiento mal calculado podía llevarle directo al mar. Hasta ahora los botes salvavidas que había visto estaban de lado dentro del barco, pero en este, si te caías, era al mar. Un mar enorme, un trampolín hacia lo desconocido. Intentar escapar con el bote era una locura, estaba en plena altamar y no tenía ni idea de manejar una embarcación de esas características. Terminaría náufrago y muerto.

Los nervios y el desánimo le inundaban, la impotencia era absoluta. Estaba en una posición casi vertical, sujetándose con las piernas en una fila de asientos, recibiendo el azote del viento por la velocidad. Esperando, buscando algún rincón en su pensamiento que le diera alguna esperanza. Se veía amanecer por el este, quedaba poco tiempo para la imposible posibilidad de no ser visto. Las marcas que había dejado en el suelo eran una evidencia absoluta de que había un polizón y no pararían hasta encontrarlo. Quizás si no hubiera intentado limpiar las huellas... tampoco.

Hacía seis días que habían zarpado. Las noches de relajación, con sus paseos y sus visitas a las distintas estancias de aquel lujoso barco, ya no estaban en su memoria inmediata. Cambió de posición varias veces buscando seguridad y ocultarse. Después de todas las posiciones que intentó, acabó prácticamente colgado, sudando por el esfuerzo y la tensión para no caer. Se empezaron a oír pasos, puertas que se abrían y cerraban, voces. Los largos minutos de la noche se convirtieron en eternos y angustiosos segundos a la espera de su ejecución como un condenado a muerte. ¿Como si fuera un condenado? Las historias narraban sucesos de polizones lanzados al mar, encontrar uno podía implicar una buena multa para el navío y por consiguiente para la tripulación. Algunos se trastornaban por el odio y no se lo pensaban dos veces. A veces es peor la espera, a veces no. Ser consciente de lo irremediable parece que no agota por completo en nuestras neuronas la posibilidad de que un milagro ocurra. Por fin lo encontraron.

Son tres o cuatro, son orientales, coreanos, japoneses o chinos, quienes lo suben a cubierta. Están furiosos. Sin decir una palabra comienzan a darle la peor de las palizas que jamás había recibido. Puñetazos en todas partes de su cuerpo, en los riñones, en las piernas, en el corazón. Patadas en todas partes, patadas con unas botas durísimas que duelen como hierros. Se ensañan con verdadero sadismo, disfrutan haciéndolo. Lo único que puede hacer Benyam es proteger su cabeza encogido en el suelo, y menos mal, de no ser así posiblemente hubiera acabado con la cabeza destrozada o en coma. Ha sido una brutal paliza que le duele con la misma intensidad en su físico y en su mente. Duraron mucho tiempo las pesadillas con ese suceso y también su recuerdo en alguna larga noche de insomnio.

Lo llevan frente al primer oficial. Es un señor coreano vestido de uniforme, muy serio y muy bajito, más bajito que él. Benyam se tambalea ensangrentado. Le habla en inglés, en un inglés muy malo y muy difícil de entender. Le inquiere con una voz penetrante, dura, hiriente. Parece entender: "¿Sabes que este barco va a Singapur? ¿Para qué quieres ir a Singapur?" El barco se dirigía a Singapur, luego haría escala en Corea, Japón y China. Un largo viaje en una dirección totalmente opuesta a sus deseos y a su objetivo. Realmente desesperante. Pero en ese momento el dolor campa a sus anchas impidiendo cualquier otro entretenimiento mental. Luego oye con ese malísimo inglés: "¿Por qué abordaste mi barco sin permiso?". Benyam solo encogía sus hombros, decir cualquier cosa era absurdo, incluso era mejor no decir nada. La noticia de que iba a Singapur fue un buen mazazo que se añadía a los recibidos en forma de golpes. Tras ese interrogatorio en forma de monólogo, el oficial se despidió con un fuerte puñetazo en la boca del estómago de Benyam, que lo dejó de rodillas en el suelo y sin respiración. Ante su silencio fue a parar a un cuarto, como siempre. Pero esta vez tenía miedo de verdad a que lo tirasen al agua. Le habían hablado, mucho y mal, de la crueldad y la furia oriental.

En el cuarto por lo menos no le pegaban y eso era un alivio. Al cabo de un rato llegaron unos filipinos, que también eran parte de la tripulación, le llevaron a la ducha, le dieron ropa para cambiarse y algo de arroz para comer. La buena experiencia que había tenido con ellos en otros barcos los confirmó como buena gente ante sus ojos. Y ese cuarto se convirtió en su calabozo en el buque. Allí quedaba otra vez viendo pasar las horas sin nada que hacer. Otra vez nada podía hacer. Esa estaba siendo una de las características del año y pico que llevaba intentando conseguir su objetivo. Otra vez sin saber qué iba a pasar en el siguiente minuto. Si decidían echarlo por la borda o no.

Pasa el día entero sin novedad. A la mañana siguiente entra un coreano. Benyam está a la expectativa. Si quisieran deshacerse de él no cree que lo hiciera uno solo. Esta sentado en la única silla que hay, con las piernas cruzadas una sobre la otra, como suele hacerlo. Entra un coreano, parece que solo va a controlar, pero se acerca y le da una patada en el pecho con la suela de esas botas tan duras. Le duele hasta el alma y se queda encogido en su sitio, asustado, esperando que no le pegue más. Todavía no está recuperado de la brutal paliza recibida el día anterior y duele, duele mucho. El coreano se va tal como ha entrado ¿Esto significa que lo van a tirar o no? Las horas transcurren y no pasa nada. Más tarde entra un filipino para darle algo de comida. ¡Qué diferencia! Siente alivio al recibir un mínimo de trato correcto.

Al día siguiente entra otro coreano. Benyam está en la misma posición, sentado en su silla. Le pregunta: "¿Por qué has subido aquí sin permiso?" Sin darle tiempo a contestar le pega esta vez un puñetazo y una patada. Le respuesta no dada era otra pregunta: "¿Si os hubiera pedido permiso estaría aquí?" Benyam en su fuero interno no hace más que preguntarse "¿Por qué lo hacen?".

Así pasaron varios días. De vez en cuando entraba uno de ellos y sin mediar palabra le daba uno, dos, varios golpes, depende de lo que le diera la gana. A Benyam, resignado, solo le quedaba protegerse todo lo que podía y rezar para que fuera corta la serie de golpes. Una vez entró el capitán y se cebó de una manera brutal con él hasta verlo ensangrentado. Luego llamó a los filipinos y les ordenó que lo limpiaran. Se fue tan tranquilo, como si nada hubiera pasado. Benyam odiaba el día en que se le ocurrió subir a ese barco.

Al día siguiente entró un filipino y al verlo sentado le dijo:

—¿Pero qué haces?

—Nada —respondió sincero Benyam.

—¿Por qué te sientas así?

—¿Cómo? —preguntó mirándose.

—Con las piernas cruzadas —dijo moviendo la cabeza negativamente.

—Yo siempre me siento así —dice Benyam sorprendido.

—¿No sabes que es una falta de respeto para ellos?

—¿Una falta de respeto? —No entiende nada.

—Por eso te están dando esas palizas.

—¿Por eso? ¿Por qué?

—Sí, tonto. En general es una falta de respeto sentarse con las piernas cruzadas, como tú haces, una encima de la otra. Pero en tu caso es una insolencia.

—¿Y yo qué sabía? —Se deshace de impotencia Benyam, ahora le duelen doblemente las palizas recibidas.

—Mira que... —dice el filipino compadeciéndose de sus heridas— Si te hubiera visto antes, te habrías evitado muchos problemas.

—Ojalá esto —dice Benyam señalando los moretones en su cuerpo— fueran solo problemas.

CARA DE ÁNGEL

Tres días después llegaron a Singapur. Tras la advertencia del compasivo filipino, las palizas cesaron y le dio tiempo para recuperarse algo físicamente. En aquel puerto no quisieron nada de él, ni deportarlo. Estuvieron otros cinco días amarrados. La necesidad de salir del cuarto era insoportable. Estaba en una cárcel dentro de un barco, en una celda de aislamiento a la que solo entraban para pegarle o para darle comida. De allí fueron a Corea, después a Japón y desde allí a China.

No podía resistir más tanta espera, tanta parada sin sentido, encerrado en ese cuarto que al principio fue alivio y que pronto se convirtió en tormento. Decidió que tenía que escapar de allí. Su cuarto había sido inspeccionado varias veces y no había nada que se pareciera ni de lejos a algo con lo que poder abrir la puerta. Es más, hasta le quitaron la manivela por la parte interior. Lo único que tenía era un trozo de cuerda fina.

Su cabecita comienza a funcionar. Ata la cuerda por un extremo haciendo un nudo, su tamaño no debe ser ni demasiado grande ni demasiado pequeño. Llama a sus guardianes a gritos. Pide ir al baño. Sale con la pequeña cuerda enrollada en su mano. Le acompaña un coreano a un par de metros de distancia. Una vez dentro del baño oye cómo su vigilante se va por las escaleras. No debe tardar en volver. Sale, apaga las luces del pasillo para que no le vean maniobrar y Benyam introduce el nudo de la cuerda en el hueco donde encaja el picaporte de la puerta. Después se mete dentro del cuarto dejando casi cerrada la puerta. Lo justo para que vean que ya está dentro. Y así es. De manera rutinaria el guardián cierra la puerta tras ver que había vuelto a su sitio. Hasta ahora todo ha ido bien. Las pulsaciones de Benyam están a un ritmo elevado. Se queda sentado en su silla mirando la puerta como ladrón que examina la cerradura de una caja fuerte complicadísima de abrir y debe concentrarse antes de ejecutar su acción. La cuerda cuelga cómo y por dónde debe. Podía haber quedado atrapada por alguna parte de su recorrido, pero no, está en la posición adecuada. Apaga la luz para que no le ilumine cuando salga. Pero antes tiene que hacer que la cuerda mágica funcione. La coge con suavidad y firmeza al mismo tiempo. Debe tirar con la fuerza justa para conseguir abrirla, debe ser un tirón seco y medido para que haga clic. Mantiene la concentración unos segundos, estira y... ¡Bingo! La puerta se abre. La magia ha funcionado. Ahora no se lo piensa ni un segundo y sale corriendo.

Salió del barco como una bala y entró en el puerto. Corría y corría sin saber hacia dónde. Estuvo por lo menos quince minutos corriendo. Parecía que nadie le seguía. Paró en una caseta escondiéndose de todo y tremendamente cansado. Al cabo de unos segundos llegó un coche con la intención de bloquear cualquier salida. Estaba totalmente convencido de que no le había seguido nadie. Era imposible. Pero la magia se ve que funcionaba también para los otros. Lo llevaron a una oficina donde esta vez sí veía claramente una cámara grabándole en lo alto de la pared. Se sintió importante, aunque la situación era rocambolesca. Un chaval de quince años vigilado como si fuera un peligroso y veterano delincuente.

Así acabó encerrado en China, en una especie de cárcel hasta que el barco partió otra vez hacia Singapur. Esta vez sí que hicieron algo con él. Lo deportaron directamente a Djibouty. Y ese viaje tenía un final claro, un final que no deseaba en absoluto. El calabozo y, quién sabe, a lo mejor la cárcel... Cuando la barca que utilizaron para llevarlo desde el buque hasta el puerto llegó, un policía le esperaba en el muelle. Lo conocía, era uno de los que en ocasiones le había enviado a por tabaco, le miró con cara de "Mira que eres incorregible". Quienes lo custodiaban en la barca le preguntaron que si lo esposaban, a lo que él contestó que no hacía falta, seguían pensando que a pesar de todo Benyam era buen chico. Fue poner los pies en el muelle y salir a toda velocidad, escurriéndose como una anguila de los intentos por sujetarlo. Esta vez no tuvo éxito, había más guardias avisados que a distancia observaban su llegada. Entre tres lo cazaron con la misma dificultad que a una liebre.

La policía de Djibouty lo conocía, muchos no lo tenían por alguien peligroso, al contrario, era de fiar. La obligación de ellos era decirle, con palmadita en la espalda o restregón de pelo incluido, que le habían puesto en busca y captura, que estaba fichado. Ya había sobrepasado el límite de intentos y deportaciones necesario para ganar ese título. Gracias a su buena relación consiguió que quedara en esas palmadas de recomendación, como un niño aplicado que ha cometido una travesura. Pero le advirtieron que si volvía a pecar la pena de cárcel sería como mínimo de seis meses. Una pena que debería cumplir en la Institución Penal de Djibouty, no en un calabozo como hasta ahora. Y aquello, comparado con los calabozos, era el último lugar del mundo donde Benyam quería llegar. Las atrocidades que le habían contado de allí no tenían comparación, eran estremecedoras. Un chaval de su constitución, y aunque fuera todo un mazas, lo tenía complicado para sobrevivir allí sin al menos ninguna grave consecuencia para el resto su vida, física y psíquica.

Allá afuera, en la ciudad, ya tenía algún que otro conocido que le echaba una mano. En Benyam había algo que resultaba enternecedor en aquel lugar, pasto de la corrupción y del hambre. De vez en cuando hacía alguna escapada fuera del puerto y, de vez en cuando también, alguien le invitaba a comer. Comer era siempre como un regalo de los dioses. Por aquellos días uno de los conductores del puerto se le acercó:

—¡Tú eres Benyam! —le dijo.

—Sí —respondió Benyam desconfiado.

—Yo soy... ¿No me conoces?

—Pues... no —Era un hombre de unos cuarenta y cinco años. Había algo que le resultaba familiar, pero nada más.

—Soy primo de tu madre —dijo con una sonrisa a medias al verlo en ese estado tan deplorable.

—¿Sí? —Benyam resaltó también una sonrisa de alegría al oír hablar de su familia y, sobre todo, de su madre. Pero esa sonrisa escondía por dentro un sobrecogimiento. Ella no tenía ni idea de que estuviera allí y por nada del mundo quería que lo supiera. Su sufrimiento sería tremendo.

—Pero bueno... ¡Si estás en los huesos! ¿Cómo se te ha ocurrido hacer esto? —Era un primo de esos lejanos y no era raro que hiciera mucho tiempo que no se vieran ni supieran nada entre ellos.

—Tenía que hacer algo.

—Ayal estaba muy mal desde que murió Bouyalew. ¿Verdad?

—Muy mal —siguió Benyam que se estrujaba por dentro pensando cómo enfocar la conversación para que no le contara nada a su madre.

—Normal. ¿Y tus hermanos?

—No quiero que sepan que estoy aquí —No pudo esperar más para suplicarlo.

—No te preocupes —le dijo tranquilizándolo—. Ven, vamos a comer algo.

Se fueron a un restaurante y Benyam engulló todo lo despacio que pudo, que era poco. Quería demostrar que, a pesar de todo, estaba controlando la situación que vivía. La situación era incómoda, le estaba metiendo en el alma, queriendo o sin querer, un fuerte sentimiento de culpabilidad por haber abandonado a su familia.

—¿Cuánto tiempo llevas ya aquí, Benyam?

—Pues... —Benyam hacía cuentas— Un año y medio, más o menos.

—¿Ya?

—Sí —Al decirlo él mismo se asombraba.

—¿Y no estás harto de todo eso?

—Sí, claro.

—¿Por qué no vuelves a casa?

—Porque voy a llegar a América o a Europa.

El tiempo es una medida que se pierde en aquel lugar. Ahora entendía las caras de la gente cuando, nada más llegar, alguno decía que estaba allí cinco años y no caía derrumbado por la desesperación. Es verdad que pasan muchas, pero muchas horas, días, semanas sin hacer nada productivo, algo desesperante para el ritmo de vida moderno. Y no hacer nada desemboca al final en esa pérdida de la medida del tiempo, de la conciencia de ello. Los días pasan, y pasan, y pasan... Allí había personas que estaban hasta diez años. Aquello se convertía en una forma de vida para muchos. Y en todo ello tenía mucho que ver el khat. Esa maldita droga que enganchaba hasta la saciedad y que ayudaba a que el tiempo no tuviera sentido. En una ocasión, un barco rumano amarró en Djbouty y ofreció un trabajo de marinero para quien tuviera papeles en regla. En ese momento solo una persona los tenía. Le ofrecieron quinientos dólares al mes. Era toda una fortuna y además llegaría a Europa. Aquel chico dudaba. "¿Allí hay Khat?" preguntó. El patrón dijo que no. Y aquel chico no se fue. Prefirió quedarse allí, esperando el khat que mascaría el día siguiente.

Pasaron un par de meses durante los cuales la angustia que había despertado su tío en Benyam le remordía con ferocidad. Se sentía muy culpable. Rescatar a su madre y sus hermanos había sido el acicate de su aventura junto con la ilusión de convertirse en un héroe. La añoranza del cariño de su familia había sido superada con dificultad por la necesidad de sobrevivir y los arrebatos de nostalgia se habían hecho menos frecuentes. Ahora había llegado alguien para removerle todo aquello. La posibilidad de que se lo contara a su madre estaba ahí. Benyam no lo sabía, pero más tarde se enteraría de que así fue. Su recién presentado tío no dudo mucho en contárselo a su madre. Benyam había pensado durante todo este tiempo que era mejor la ignorancia sobre su supervivencia a saber que estaba allí. Si no tenía noticias no tenía malas noticias, pero si se enteraba de que estaba allí y todo lo que suponía, sufriría mucho. Era una gran apuesta y una gran duda que quería ocultarse a sí mismo. El tiempo se le acababa. Tenía que resolver.

Benyam consiguió subir a otro barco con relativa facilidad, muy relativa dependiendo con qué se compare. Esta vez lo llevó a Aqaba, legendario puerto donde se libró la inteligente batalla gestada por Lawrence de Arabia, conquistándolo junto a los árabes tras cruzar el desierto del "Naduf", "el peor lugar creado por Dios" le decía Omar Sharif a Peter O'Toole en la película. Por mar era casi imposible debido a la defensa de artillería montada por los turcos, pero nadie podía imaginar que se le ocurriera cruzar aquél terrible desierto. Así abrió el camino hacia la codiciada Damasco. Pero esa es otra historia.

En Aqaba estuvo muy poco y se dirigió por el canal de Suez a Port Said, puerta al Mediterráneo. Amarrar varios días le dio oportunidad a Benyam para analizar los turnos que había. Por la noche salía a cubierta y observó que los barcos que navegaban por el día iban a África y los que lo hacían por la noche a Europa y América. Así que esperó a la noche, se apeó de su residencia temporal y se fue nadando a buscar el barco elegido. Cada paso que se da, como apearse, ir nadando a otro barco, subir a él, conforme su historia avanza y conforme avanza su habilidad para ello, no tiene menos mérito ni menos riesgo. Una vez allí, con su destreza ganada a pulso, se ocultó. En esa ocasión, cuando pasaron un par de días, sin un motivo razonado, posiblemente por un ansia sobrevenida, nunca supo exactamente el porqué, salió y se fue hacia la tripulación para decirles "Hola, estoy aquí, soy un polizón". Había elegido mal. Ese barco iba a India. Pero eso no era todo. Después de descargar en India... volvía a Djibouty.

LA SOGA

Cinco días llevaba en el calabozo de Djibouty, cinco días sumergido en la mierda y en la crueldad, en el miedo y el hambre. En esta ocasión los dejaron a todos desnudos de pies a cabeza. Le asombraba ver cómo a la gente no le importaba una situación así, para él era muy indignante, pero tuvo que anular el pudor. Y como siempre, no sabía nada de lo que iba a pasar, nadie le decía nada. Además, en esta ocasión pendía sobre él una gran losa, una gran duda. ¿Le iban a llevar a la cárcel de Djibouty? Había sido advertido seriamente. Mil veces prefería jugársela nadando en alta mar o rozando los raíles de un tren a toda velocidad que ir allí. Cinco días comiendo con cuentagotas en ese calabozo y con solo la ansiedad como alimento para su espíritu, lo habían consumido físicamente. Se había estado preparando para lo peor y tenía el alma hecha añicos. Había acudido mentalmente a sus padres buscando ayuda. Menos mal que su madre no sabía nada, mejor no pensar en ella porque le destrozaba aún más la pena que sentiría. ¿Qué le diría su padre? Coraje, confianza. ¿Él habría pasado por algo así? ¿Prepararse para lo peor era malo? ¿No debería estar pensando solo en cómo salir de allí? Quizá ponerse en la situación de "¿Qué es lo peor que me puede pasar?" y sentirse con fuerzas para superarlo, no es negativo. Lo malo es quedarse en ese pensamiento y visualizar constantemente lo peor. Ser consciente de lo malo que puede ocurrir, no significa ser negativo ni pesimista. Del mismo modo, saber que el mal existe no supone darle fuerza, es no ser tonto. Esa lucha interior y ese nivel de pensamientos estaba siendo muy duro en esos días para un chico de quince años.

Benyam estaba quizá en el peor estado anímico, si es que se puede poner una valoración así de todo el tiempo que allí estaba. Las mañanas son el peor momento del día para los estados depresivos. El tiempo y las frustraciones habían hecho mella. Las fuerzas no le daban casi ni para rezar, algo que, también en todo este tiempo, no había dejado de hacer. Ahora la depresión era un acicate para su osadía. El khat del mediodía no le había proporcionado ninguna ocasión, la puerta permaneció muy controlada.

Esa mañana pasó algo inesperado. Cuando el guardia fue a dejar la comida, uno de los presos lo cogió del brazo y de un fuerte estirón lo metió dentro. Junto a otros tres lo retuvieron forcejando con él. Su flojedad estaba trabajando para anular cualquier reacción, pero de nuevo surgió un cosquilleo en el estómago de Benyam. Había que aprovecharlo. No pensó en lo que habría fuera. Desde su posición de sentado apoyado en la pared, se dio impulso con las manos y se fue contra la puerta sin llegar a coger la vertical, tropezando consigo mismo y a punto de caer de bruces, dio un golpe y salió. No miró más. Corrió como un poseso tal como Dios lo había traído al mundo. Corrió, sin que las heridas que aparecían ni el ardor en sus pies descalzos bajo un sol abrasador, menguaran su velocidad. Sin saber por qué ni cómo, simplemente nadie le paró. Tampoco sabía si los otros habían conseguido escapar también.

Después de aquellos cinco días demoledores Benyam estaba destrozado. Los pies le ardían por las quemaduras del ardiente suelo y las heridas de las piedras. Los ojos estaban rojos, no enrojecidos, rojos de dar miedo. Pero además los tenía hinchados de una forma increíble, no se los podía ver, pero llegó a palpar como dos redondas protuberancias saliendo de su cara. El agotamiento llegó a su límite y cayó al suelo en medio de respiraciones agitadas. Durante todo el tiempo que llevaba a allí, las pesadillas con la muerte de su padre como tema principal habían sido constantes y, cada vez que tenía un episodio en el que llegaba a costarle respirar, su recuerdo le atacaba de nuevo. En medio de una sensación de agotamiento total, de extenuación de fuerzas que le hacían perder el sentido, se quedó pensando que quizás se había acabado todo y se iba a desprender de su cuerpo.

Entonces, milagrosamente aparecieron unos etíopes. Al verlo en ese estado decidieron llevarlo a su casa. Durante tres días y tres noches durmió Benyam. Durmió sin parar, soñando que caminaba, que andaba, que corría y luego, soñaba que dormía. Tres días y tres noches en los que su subconsciente llegó a pensar que nunca iba a despertar ya. Pero despertó. Se recuperó. Y volvió al puerto. Incansable Benyam, inagotable en su deseo.

Benyam se resistía a salir del puerto. Quería estar en el primero en la "pole position", como un Ferrari. Pero el acoso aumentó, se había convertido en el más buscado del momento. Como consecuencia de ello y de todos los intentos que ya tenía en su haber, también se convirtió en uno de los más integrados dentro de aquel ambiente. Era una rara combinación. Por un lado, seguía teniendo un aspecto aniñado, con la mirada limpia y la sonrisa tierna. Por otro era ya un experto en fugas. Algunos andaban algo despistados con él, lo normal era que se permitiera ser cruel, sobre todo quien se había ganado a pulso la fama. Pero él no tenía ningún ánimo de machacar a nadie, no le causaba placer el poder por el poder. Y eso alguna gente no lo podía, ni puede, entender. La maldad no entiende a su opuesto, tiende a pensar que hay algún motivo, algún interés oculto en el comportamiento blanco.

Siempre había que ir escondiéndose en aquel lugar, pero ahora Benyam lo tenía aún más difícil. La persecución estaba siendo implacable, las órdenes recibidas desde arriba eran tajantes. Cada uno con quien se cruzaba le advertía "Benyam, ten cuidado que van a por ti". Cada policía que lo veía lo perseguía. Luego había que contar con los topos y delatores, nunca se sabía. Aquello se convirtió en una pesadilla, cualquier error podía dar con su vida en la cárcel. Por mucho quería resistir no tuvo más remedio que salir a uña de caballo del puerto.

Una vez fuera se dirigió a una iglesia frecuentada por etíopes. La presión le había podido. No veía la forma de esquivar la intensa vigilancia que se había montado. A pesar de todo el tiempo que llevaba allí y de toda la experiencia adquirida, la impaciencia, el nerviosismo y la impotencia le estaban superando. No podía ser que, después de todo lo que había hecho, llegara el momento en que no fuera capaz de un nuevo intento, más aún, del intento definitivo. En aquella iglesia se refugió para buscar alivio del estrés que había acumulado. Su estado emocional le bloqueaba la mente y le limitaba la iniciativa. En el puerto había que ser fuerte, cada uno con sus atributos. Había llegado a ser respetado, por lo menos un poco más que uno más, y se empezaba a ver con dificultades para mantener el cartel. Eran dos nudos los que se le formaban, uno en el estómago y otro en la mente. El del estómago lo relacionaba directamente con sus emociones. Era ese nudo que en cualquier momento podía subir hasta la garganta para terminar provocándole el llanto. El de la mente le impedía discernir con lucidez. Se amontonaban los pensamientos hasta el punto en que no era capaz de llevar uno hasta el final. Era un estado de parálisis camuflado por la experiencia adquirida para sobrevivir, es decir, disimulaba su debilidad.

Así fue a parar a aquella iglesia en la que fue acogido con la virtud cristiana de la caridad. Durante siete días decidió no decidir. Se quedó sencillamente a reposar su mente y su cuerpo. En realidad se quedó a meditar, aunque no conociera como tal esa acción, aunque no supiera que lo estaba haciendo. Y de una forma casi bíblica llegó el séptimo día. Era viernes de Pascua. Había estado rezando todos los días, pero ese séptimo rezó de una forma especial. Rezó con una concentración total en la que llegó a perder la noción del tiempo y del espacio. Pidió con una profundidad total y una fe absoluta. Habló con Dios, se dirigió a él "de tú a tú", como si lo tuviera delante, él lo sentía delante. Le pidió con agradecimiento y con exigencia. Agradecimiento por poderlo sentir como lo estaba haciendo, con una ternura infinita y un amor incondicional. Exigencia por la certeza de que en su mano estaba el poder de concederle sus ruegos. Habló también con su padre, a quién le pidió valor y consejo. Y, sumergido en ese acto que no sabe cuánto duró, de repente le pareció oír una voz que le decía: "Ve al puerto. Ahora. Hay un barco para ti".

En ese momento despierta de su estado de concentración y meditación. No está seguro de haberlo oído de verdad, no sabe si ha sido su imaginación. Pero sigue la orden. Va hacia el puerto como hipnotizado, todavía no discierne si está del todo despierto. Llega y se sienta en la orilla, a una distancia prudente de la entrada. Hay dos barcos. Son de la compañía MSC que, a estas alturas, ya sabe que es italiana. Los dos están llenos de contenedores, uno está más hundido que el otro. Es este otro. Benyam siente que no ha salido del estado alterado de su conciencia. No existe la tensión más allá de la productiva, no hay nervios, los movimientos son seguros y medidos, hay claridad sobre lo que tiene que hacer, el miedo no existe. Su rostro no refleja expresión alguna. Es de noche. Hay que entrar al puerto.

En otras circunstancias sería una locura, en esta también, pero Benyam está convencido de que se dirige hacia su última oportunidad. Esta vez sí. Esta vez lo va a conseguir. Puede hacerlo y lo va a hacer. "Hay un barco para ti" resonaba en su cabeza. Podría llegar al barco por tierra pero decide alcanzarlo nadando, está demasiado buscado. Se quita la camiseta y recorta sus pantalones con una piedra que usa para romper, con golpes secos y certeros, las juntas a la altura deseada, luego solo queda rasgar. Ata las sandalias a su cadera con la cuerda que usa de cinturón y se sumerge en el agua. Nada con silenciosa precisión y bucea cuando toca, cuando los haces de luz que barren vigilantes la costa le pretenden delatar.

Así llega a la altura del barco. Es de noche pero la tripulación trabaja. El barco medirá más de cien metros y tres cuartas partes de su superficie está destinada a espacio para carga de contenedores. La grúa los va depositando mientras los trabajadores controlan que todo quede en su punto. Benyam se dirige a la parte de popa, allí arriba debe haber unos veinte metros cuadrados de espacio entre el final y la cabina del barco. La cabina es como una pequeña finca de tres alturas donde vive la tripulación. De esta forma podría subir y recalar en un espacio a cubierto de la vista de ellos. Todas las luces del barco enfocan a la zona de carga, quedando oscura la que él ha elegido. Ahora debe subir. Ve las cuerdas que lo amarran. Ve claro que por ellas debe subir. Tropieza prácticamente con una escalera metálica que asciende desde el agua hasta el muelle. Se agarra a ella y comienza a subir. El metal está oxidado y muy afilado, tan afilado que se corta las manos. La sangre mana con abundancia. Las heridas duelen mucho, pero debe seguir subiendo. Una vez en el muelle, se esconde entre el montón de esa enorme cuerda enrollada a la cornamusa que amarra al barco. Observa alrededor. Por la noche la policía siempre hace una ronda en coche por el puerto. Hasta que pasen la próxima vez, calcula que le debe dar tiempo para subir a cubierta antes de que vuelvan. Ya lo ha hecho antes, ya ha subido por una soga y, aunque le costó dios y ayuda, lo consiguió.

Ahora hay una diferencia, son dos las cuerdas que juntas amarran al mismo lugar. Comienza a subir sujetado y colgado de las dos. Cada soga es del grosor de una pierna de Benyam y le resulta muy difícil trepar. La herida en las manos sangra y continúa doliendo. Llega un momento en que las cuerdas se separan. Elige una de las dos y sigue trepando. La distancia a su objetivo parece alargarse conforme pasa el tiempo. Las fuerzas merman, pero hay que seguir. La soga ha cogido una dirección muy vertical, en ascensión casi recta. Las heridas de las manos duelen, las piernas rozan con agresividad la áspera cuerda. El esfuerzo mantenido se convierte en un verdadero suplicio. Benyam no es un atleta y el ejercicio es digno de ello.

Oye el motor de un coche. Es la policía. Le van a ver. La sangre que hay en su mano es fría. Mantiene la calma. Se guía por su instinto y decide enroscarse en las cuerdas por las que asciende. No ve otra alternativa. Dejarse caer al agua los alertaría por el ruido del chapuzón. Haciendo más fuerza mental aún que la física, se convierte en un bulto, no es una persona, es un bulto. La luz de los faros del coche se dirige hacia él. Mantiene la posición y la concentración. El coche sigue su camino. Prueba superada. Pero, como en otras ocasiones, ha sacado fuerzas del más allá o del más acá, no sabe de dónde, pero es igual. Y consigue su objetivo. Ya está dentro.

LA VENTANA INDISCRETA

Una vez arriba comienza a actuar de una forma metódica, cronometrada, eficaz. La excelencia del polizón. Benyam es un veterano de camino ya a los dieciséis años. Cada segundo vale su peso en oro. Hay que asegurar el no dejar rastro. Escurre el pantalón por la borda y limpia sus manos de sangre que, gracias a la sal del mar, deja de brotar pronto. Ni una gota de nada debe caer dentro. Tiene quemaduras en las entrepiernas por el roce y la presión de la cuerda al ascender. Siguiente paso, rápido y preciso, entrar en la cabina, una pequeña finca donde vive la tripulación. Una vez allí, directamente al almacén. Busca unas botas de trabajo y se las pone, las huellas no deben llamar la atención.

La primera fase está completada. Ahora respira un poco mejor, puede buscar un espacio para esconderse con tranquilidad. Como en otras ocasiones esa tranquilidad es relativa y se mide en función de la experiencia. Igual que debe medirse en su proporción real, midiendo el riesgo real. La tripulación está trabajando y cualquier ruido puede echar al traste todo. Y así encuentra cobijo en un cuarto del almacén. Pero ese no es un sitio para permanecer más allá de un día, debe ir a un lugar más seguro. La noche siguiente sale de la cabina y, tal cual sale, tropieza con las pilas de contendores que llenan toda la cubierta. Al alzar la mirada, para ver hasta dónde llegaba su altura, ve una embarcación bien sujeta en el último piso, un yate que se le aparece como una reproducción moderna del Arca de Noé, emergiendo de entre un inmenso mar, en este caso de contenedores. Pero esa embarcación ya la había visto antes. Hacía un par de días que se había ofrecido de guía a unos franceses que, inocentes, querían hacer turismo en Djibouty. Era una manera más de hacerse con algo de dinero en aquel barrio. Aquellos franceses le habían dicho que iban a Marsella y ese era su yate. Conclusión, el barco va a Europa. Perfecto. Con su ya entrenada agilidad, escala sin pensarlo dos veces, es un escondite perfecto. La puerta está cerrada con dos grandes candados. La rodea observando pequeñas ventanas, muy pequeñas, pero a través de ellas su cuerpo puede caber. Con un alambre que encuentra fuerza una y se introduce.

Aquello es todo un lujo de cobijo. Y seguro a más no poder, puede controlar todo lo que pasa en cubierta con mucha más comodidad que cuando estuvo en la grúa. Hay madera por todas partes, cama, cuarto de baño, cocina... evidentemente se va directo a investigar la cocina. Al abrir los armarios se encuentra con un buen surtido de conservas, latas de coca cola, papas y aceitunas. Prácticamente lo devora todo al primer envite y deja algo de reserva. Es la primera vez en su vida que come aceitunas, por cierto, no le gusta nada su sabor, aunque eso no impide que se las coma todas. Agua no hay, pero caen unas cuantas latas de coca cola.

Al día siguiente la sed es insoportable. Esa bebida engañaba. En realidad se da cuenta de que le provoca más sed. Las conservas, papas, aceitunas, prácticamente todo es salado y la combinación está siendo explosiva. Por la noche no aguanta más, tiene la boca hecha un trapo y cada trago de saliva es extremadamente amargo. Decide bajar a buscar agua, pase lo que pase. Si le ven, pues mala suerte. Pero no podía más. Hay que ver cómo toda la serenidad y aplomo que podemos tener, en un momento determinado se nos puede venir abajo por nuestro organismo. El control que tienen sobre el cuerpo algunas mentes privilegiadas es realmente un milagro. Saber que eso lo puede conseguir un humano nos da otra vez pruebas sobre los límites que desconocemos de nosotros mismos. Benyam había conseguido subir a ese barco con un sorprendente control sobre sí mismo, creado o movido por un impulso sobrenatural. Pero mantener ese estado de medio trance no era tan fácil.

La noche siguiente están celebrando un cumpleaños en la parte de cubierta por donde había subido. Le separa la cabina y una escalera de cuatro peldaños que ha utilizado como resguardo para no ser visto. Desde ahí observa todo el jaleo de la fiesta y el banquete que se están dando. La boca se le hace agua, pero aguanta el tipo hasta que terminan y se van a dormir. Entonces se acerca en busca de restos de aquel maná. Para su gran decepción no encuentra ni una gota de agua. Solo hay tarta de chocolate al whisky y café. Su instinto de conservación le lleva a comerse todo lo que puede. Con el estómago a reventar, se vuelve sin agua a su guarida. Se pone malísimo.

Benyam ha venido haciendo sus necesidades en el cuarto de baño, lo que es toda una imprudencia porque, como era de prever, el desagüe está en el exterior. Así que no tarda mucho en caer un chorrito de algo a cubierta. La tripulación lo oye y, con extrañeza, le sigue la pista hasta ver que su origen está allá arriba. Son momentos de mucha tensión, dos o tres marineros escalan hacia donde está él que, por supuesto, se esconde todo lo que puede. Rodean varias veces la embarcación forzando la puerta y las ventanas. Allí dentro hace un calor de espanto, un buen inconveniente, pero comparado con todos los que había tenido que sortear, soportable. Benyam suda y suda conteniendo la respiración. Al final se dan por vencidos, abandonan su intento de entrar y se resignan a no saber qué es lo que ha pasado de verdad. A partir de ese momento va a usar otros métodos lo más higiénicos posible para las circunstancias.

Está en un lugar seguro, de eso ya no tiene dudas, pero deshidratado a más no poder y con un mal cuerpo que va a peor. Se para a pensar fríamente. En esa embarcación debía haber agua en alguna parte. Mira lentamente a su alrededor buscando algo que le dé una señal. Mira por las estanterías, por todos los armarios... nada. Se sienta, cansado y cabizbajo, el suelo era de madera también. Y mira por donde, al dejar de buscar aparece ante él un fino corte en las tablas del suelo, al mirar con conciencia ve un asa. Tira del asa y aparece el tesoro de Alí Baba, un bodegón lleno de botellas de agua y comida. ¡Había estado ahí, a la vista todo el tiempo! La comida en ese momento es lo de menos. Se abalanza sobre las botellas y bebe hasta no poder más. Qué paradoja. Tanto que ha buscado. Hay tanta gente que se pasa la vida buscando sin parar... y luego, si es que llegan a tiempo, se dan cuenta de que delante de sus narices lo tenían todo. Mejor será decir que, dentro de uno mismo ya está todo lo que se necesita. Cómo vivimos lo que tenemos y cómo sentimos, esa es la clave de la felicidad.

Con ese avituallamiento llegan a Arabia Saudí. Allí está dos días amarrado. La habían hablado mucho de la riqueza de aquel país y se le pasa por la cabeza la posibilidad de quedarse en él. Es una manera de asegurar algo. Pero no, no había estado todo ese tiempo para quedarse a medias, él quería ganar el "Tour", el "maillot amarillo" y no el premio de la montaña. Zarpan y recorren el Canal de

Suez hasta llegar al Mar Mediterráneo. Aquello tiene otra luz. La siguiente parada es Turquía. En Djibouty Benyam había aprobado pronto la asignatura de las banderas de cada país y en el yate donde se alojaba había un atlas que devoró con enorme curiosidad. Tiene bien ubicado a cada país del sur de Europa. Allí comienzan a descargar contenedores. Él sabe que el destino era Marsella, se lo habían dicho los franceses cuya embarcación tenía en usufructo. Pero, quieras o no, siempre hay una duda en cualquier aventurero por muy claro que tenga su objetivo, los imprevistos están a la vuelta de cada esquina. Al ver el movimiento se centra en el interior para no ser visto en un descuido.

En un momento determinado el sonido de un golpe le alerta. Estaban haciendo algo con el yate. Parece que lo amarran con algo. Una fuerte sacudida le termina de poner en guardia. Se mueve. Está colgado y siendo trasladado por una grúa, seguro. En pocos segundos lo dejan en el muelle, dentro de su embarcación, junto con otros contenedores. ¿Ahora qué? Ahora nada. Lo debían de haber bajado para poder trabajar mejor con el resto de la carga y luego lo subirían. Tiene que mantener la serenidad. Las horas pasan y ahí no se mueve nada. Es ya de noche y allí está, en medio de un puerto desconocido, dentro de su casita. No es momento para tomar riesgos innecesarios llevado por la curiosidad. Al final se duerme.

De madrugada, el ruido de los trabajos en el muelle le despierta sobresaltado. ¿Dónde estaba? Esos primeros segundos al despertar a veces le desconcertaban. Ir de un sitio para otro le hacía perder la noción del espacio y, hasta que se ubicaba, la alerta a la que estaba acostumbrado en Djibouty le había impregnado un instinto de alarma en su corazón, que latía aceleradamente. Está en el puerto de Turquía, dentro de un yate que se suponía iba a Marsella. Y ha decidido no salir del yate hasta que lo vuelvan a embarcar. "Porque lo tienen que embarcar", se dice. Hay comida y bebida suficiente para una semana por lo menos. Y no es una semana, pero son cinco los días que está allí, otra vez viendo pasar las horas y alternando la incertidumbre con la pasión por su objetivo.

Finalmente salen de Turquía para alivio de Benyam. Grecia es la siguiente parada. Allí solo está un día y medio. Haciendo un seguimiento del recorrido en su atlas, deduce que probablemente el siguiente puerto estará en Italia o ya directamente en Marsella. Pasan los días y Benyam se queda sin comida y sin bebida. O llegan pronto a su destino o se la tendría que jugar. Y cuando dice pronto, es ya. Sin embargo, una intensa emoción está llenándole el vacío de su estómago. Tiene a su alcance el sueño por el que ha estado luchando durante dos largos años. Un sueño que había supuesto un final fulminante de su adolescencia. Había dejado suspendida en el tiempo la relación con su familia.

Durante todo ese tiempo procuró pensar lo menos posible en su madre y hermanos para no caer en las garras de la emoción, para no ser herido de muerte por la nostalgia o el remordimiento. Había visto muy de cerca la muerte y la tortura. En Etiopía se convivía con la muerte de una forma natural, allí la tasa de mortalidad infantil es, por ejemplo, veinte veces la de España y la esperanza de vida es de cincuenta y cinco años, por ochenta y uno en España. Pero el tipo de muerte a la que se había estado enfrentando no tenía nada de natural.

QUÉ BELLO ES VIVIR

La mañana es templada y algo húmeda, finales del mes de mayo. Benyam asoma su nariz por la ventanilla del escondite en que se había convertido su yate. Está muy agotado, muy sucio y hambriento. Sus ojos se achinan por el reflejo, en el mar y en el cielo, del sol que se alza un metro en el horizonte, medido como si fuera un cuadro a tamaño real. Algo en su instinto de polizón le dice que falta poco para amarrar a puerto.

¿A qué puerto? Eso ya se verá. Si va camino a Europa y, más en concreto, a Marsella, esta se debe encontrar en el lado opuesto al sol, en el oeste. Para estar recién despierto y enmarañado entre tanta pegajosidad, le sigue funcionando razonablemente bien la lógica, piensa para dentro con algo de ironía.

Decide cambiar a otra ventanilla que le ofreciera una visión del lado occidental de la vida. Esa decisión le supone un fuerte dolor en el cuello, girar la cabeza para iniciar el movimiento le regala un pinchazo por la tortícolis que ha gestado durante la noche. Las piernas tampoco es que

167

estén en condiciones, entumecidas debido a demasiados días sin salir de aquel yate que, aunque hubiera supuesto un lujo como camarote, no dejaba de ser una improvisada cárcel en la que se veía obligado a residir. El estómago está bien hundido hacia dentro. Benyam está hecho un trapo y más parece una anguila con rasgos humanos que uno como tal.

Eso sí, su mirada está muy activa, inquieta, alterada. Era posible que todo esto estuviera terminando y, por fin, fuera en pos de su helicóptero para volver a casa como un héroe. Ni el pinchazo en el cuello ni los temblores de sus piernas retrasan un segundo el movimiento que le desplaza al otro lado de la embarcación. Se pone en cuclillas encima del sofá, que tiene arriba una ventanilla que da al oeste. Benyam se agarra a su marco con los dedos, como si le hiciera falta auparse, aplasta la nariz contra el cristal y... ¡Tierra a la vista!

Estará a unos tres kilómetros de la costa y se divisa una gran ciudad bajo los efectos de una luz espectacularmente atractiva. Todavía no puede ver ninguna bandera ni emblema que le informe de dónde llega. Al ojear la costa con detenimiento, resalta la visión de unas edificaciones que parecen de ciencia ficción. Un conjunto de edificios, con diseños espectaculares de tonos blancos y brillantes, se elevan hacia el cielo algo más adentro de la ciudad. La sensación que recibe es muy agradable. Aquello tiene buena pinta. El barco se va acercando a puerto y él acerca su mirada con fuerza para distinguir, para averiguar dónde está. Hasta que en un momento determinado consigue ver la bandera del país en el que se encuentra, es España. No tenía nada en contra de aquel país, es más, aunque desconocía mucho de él, tenía una opinión favorable. A veces, al igual que pasa con las personas, un país te cae mejor sin saber muy bien porqué.

En el colegio había estudiado que durante muchos siglos, siete para ser exactos, los árabes estuvieron allí. Y no es que tuviera mucho en lo que identificarse con los musulmanes, Benyam y Etiopía son cristianos. Pero, de alguna forma, les podía quedar alguna herencia genética que les hacía sentir una cultura con más posibilidades de comprender la suya. También había estudiado que antes de los árabes, por España pasaron los fenicios, civilización de comerciantes, también estuvieron mucho tiempo los romanos, que ya llevaban consigo influencia de los griegos. Luego los visigodos, con su arrastre de culturas centroeuropeas. Todo ello podía ser el motivo que le hiciera llegar a su inconsciente emocional la creencia de que una tierra, un país creado con tantas mezclas y sucesiones de culturas, estaría en mejores condiciones para aceptar con hospitalidad a un nuevo inquilino.

Aunque, conforme se acerca al puerto, otro dato llena de más ilusión su vacío estómago. El puerto, la ciudad donde están amarrando tiene ya un nombre, se llama Valencia. Y Valencia ya era conocida por él precisamente por algo tan típico y tópico como sus naranjas. La mayoría de los barcos en los que había estado, tenían esa fruta, muy alabada sobre todo por los filipinos y que tuvo la suerte en su momento de disfrutar, aliviando al mismo tiempo su sed y su hambre.

El barco por fin amarra y él se amarra a su saboteado yate. En ese momento quisiera ser un mueble o un utensilio más de su interior para no correr ningún riesgo de ser capturado. Atraca, pasan unas horas más que se añaden a las que llevaba sin comer. Se le habían agotado todas las provisiones y, como en una película de suspense, está en un momento álgido en el que cualquier cosa puede pasar. Así llega el ansiado instante en el que los ruidos exteriores le señalan el siguiente objetivo. Las cuerdas y los marineros llegan para sujetar la embarcación, iba a ser llevada a puerto. Los nervios aprietan su cuerpo más que el hambre. Un movimiento ascendente, otro horizontal y por fin, hacia abajo. El controlado golpe al llegar a tierra se asemeja a la rotura de la cinta del atleta cuando llega el primero a meta. Algo inofensivo, pero con mucho significado.

Benyam debe seguir controlando su euforia, aquello todavía no está ganado. Esa cinta cortada es solo como una meta volante para un ciclista. Todavía falta lo más difícil, lo que no había conseguido todavía y, quizás por eso, lo más complicado en ese momento. Hay que salir del puerto sin ser visto y entrar "libre" en otro país. Hacer eso durante el día, y sobre todo a esas horas de la mañana, se ve realmente imposible. Tiene que resistir hasta la noche. Después de dos años, esa espera debería ser pan comido. Tantas horas, días, semanas esperando durante todo este tiempo, tenían que ser un buen entrenamiento. Sin embargo, nunca se acostumbra uno lo suficiente cuando el objetivo y el reto es el éxito. Igual que un gran actor puede tener pánicos antes de subir al escenario a lo largo de toda su vida. Sin la vertiginosa rapidez con las que imágenes de la vida pasan por delante de uno en situaciones de vida o muerte, revive a lo largo de ese día y a modo de recapitulación, diferentes escenas.

Se ve escondido en aquel camión que le llevaba por primera vez hacia Djibouty, asado y herido, cuando estuvo a punto de rendirse, dirigiéndose hacia la ventanilla trasera del conductor. Se ve colgado de aquella plataforma, a veinte metros de altura, mientras Metahara le observaba con atención y su cuerpo se debatía entre soltarse o aguantar. Las afiladas cuchillas de los niños oromo, cortándole como ventiladores, las primeras palizas de los mayores. Su primera estancia en el calabozo y toda la mugre humana que se concentraba en unos pocos metros cuadrados. La vuelta a nado de su primera incursión mar adentro, cuando estuvo a punto de dejarlo todo en manos del destino y ser engullido por la profundidad de aquel mundo marino. Debajo de aquel tren, siendo acribillado por las piedras, atormentado por el ruido chirriante y ensordecedor. Cuando estuvo a punto de estrellarse contra las vigas colocadas junto a las vías. Se ve también sentado en el suelo, con la respiración cortada por el jadeo, viendo cómo se iba su tren sin que ningún vagón se descolgara. Llorando en medio de la nada junto a aquella pandilla de contrabandistas, recibiendo sus burlas y sus mofas. Los brazos cortados del chico del tren. Las tremendas palizas que le dieron los coreanos por llevar las piernas cruzadas. La rabia y la impotencia en la Agencia de Tanzania, cuando había llegado hasta Italia y lo devolvieron. Su recorrido por el lejano oriente, bien lejano quedaba entonces de su objetivo. Todas las veces que había llorado sin consuelo, todas las veces que había estado a punto de dejarlo. Todo podía haber valido la pena con tal de conseguir una nueva vida para él y los suyos.

Qué bello puede ser vivir.

El tiempo pasa y la noche llega. Era así, tenía que llegar y llegó. Hora del asalto a la nueva tierra, al nuevo mundo. Benyam está siendo consciente de que no es otra más, lo sabe desde que salió de la iglesia donde oyó su mensaje "Ve al puerto. Hay un barco para ti. ¡Ahora!". Precisamente por tenerlo tan claro parece que la responsabilidad es aún mayor, está respondiendo ante lo más alto. Está respondiendo también ante su propia madre, presente a lo largo de todo este tiempo, como lo ha estado también su padre, con sus consejos por un lado y con la tortura de las pesadillas por otro. El caso es que siente todo el peso de la responsabilidad, no puede, no debe fallar ahora.

Cuando el sol desaparece y los cielos comienzan a oscurecer, cuando los contornos de las figuras pierden su precisión, es el momento de salir. Durante el día ha habido un buen jaleo alrededor suyo, mucha gente para arriba y abajo, gritos de trabajo, risas en las horas de descanso. Ahora el silencio acompaña y reta, reta al valor y reta a la eficacia. Abre una de las ventanillas y sale. Pero esta vez no sale disparado como las anteriores. Mira a su alrededor y camina, sencillamente camina. Está hecho un asco, sucio como si hubiera estado deshollinando chimeneas, descalzo, con el pelo alborotado y los ojos engrandecidos por el hambre. Sin embargo, ajeno a todo ello camina como un turista haciendo su recorrido. Nadie le ve, por lo menos eso cree. ¿Hacia dónde ir? Hacia aquellos edificios futuristas, se ven a lo lejos. Y en esa dirección va buscando hueco por donde circular. Lo primero que ve es la vía del tren, lógicamente le deberá llevar a algún lado fuera del puerto. Su recorrido coincide con la línea recta que conectaría con los edificios, para empezar, es buena dirección.

Andando y andando, siente por primera vez la realidad de su desembarco en un nuevo mundo. A los quince minutos, más o menos, ve un letrero indicador de una población, deberá ser un barrio o algo así. Él no tiene ni idea de español, pero para esto no hace falta. El letrero pone: Nazaret. Nazar, nombre arameo que significa "no físico". Un pueblo o aldea adoptó el nombre de Nazareth en honor a la tierra donde habitaban los esenios de Nazar, un cuadrilátero de tierra cultivada que hoy día se ha convertido en la ciudad árabe más importante de Israel, con más de sesenta mil habitantes. El padre de Jesús, José, era un respetado miembro entre ellos. Los esenios eran grandes trabajadores y estudiosos de la Ley de Dios, quien quería pertenecer a ellos debía pasar largas pruebas de disciplina y humildad.

Disciplina y humildad, dos cualidades necesarias para quien desee alcanzar la virtud, para quien desee ser un buen luchador de la vida, un buen guerrero del amor. Al leer el letrero Benyam también lee: "Has llegado a tu destino. Ahora comienza otro viaje". Está como en una nube, pletórico cual ganador de una maratón, con dificultades para seguir andando, pero lleno de ilusión. En ese momento, evidentemente sin nada de dinero, su imagen es la de un vagabundo, desarrapado y negro. Tropieza con alguien que huye de él como de la peste hasta que encuentra una persona que entiende su situación y su necesidad. Al día siguiente está en la casa particular de uno de los responsables de Cáritas. Lo primero que pide y lo primero que le dan es un teléfono. Cuando consigue marcar el número sale de su boca una frase que había repetido en su interior miles de veces durante todo este tiempo:

"¡Mamá, soy Benyam. Estoy en Europa!"

FIN

ÍNDICE